LE
SALON DE 1867

ET

LES BEAUX-ARTS A L'EXPOSITION UNIVERSELLE

DU CHAMP-DE-MARS

PAR LOUIS AUVRAY

STATUAIRE

DIRECTEUR DE LA REVUE ARTISTIQUE

Ancien président du Comité central des Artistes, vice-président de la Société Libre des
Beaux-Arts, membre de plusieurs Sociétés savantes.

PARIS

Vᵉ JULES RENOUARD, RUE DE TOURNON, 6, ET

AUX BUREAUX DE LA REVUE ARTISTIQUE

RUE BRÉA, 5, FAUBOURG SAINT-GERMAIN

1867

Salon de 1855. —
Salon de 1837. —
Salon de 1839. —
Salon de 1840. —
Salon de 1845. —
Salon de 1859. —
Salon de 1863. —

Exposition universelle de 1855 des Arts
département du Nord. — Brochure in-4°.

Projet de Tombeau pour l'Empereur Napoléon
historique du concours ouvert en 1841. Album de 12
planches gravées et de photographies, dont
Napoléon III a daigné agréer la dédicace.

POUR PARAITRE PROCHAINEMENT:

ALBUMS DES SCULPTURES EXÉCUTÉES PAR

1° Album de 18 médailles historiques accompagnées

2° Album de 21 bustes historiques exécutés pour
les monuments publics. Chaque buste est suivi d'une
phique.

3° Album de 16 statues, groupes et bas-reliefs
monuments publics. Une description du sujet est placée
de chaque planche.

4° Album de 6 monuments exécutés ou encore à l'état
Un texte est joint à chaque composition.

Tous ces ouvrages se trouvent aux bureaux de *la Revue
artistique et littéraire*, rue Bréa, n° 5.

Paris. — Édouard Yzat, imprimeur, rue Notre-Dame-de-Nazareth

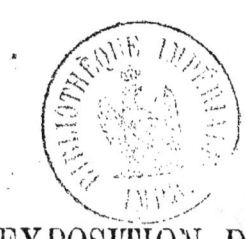

EXPOSITION DES BEAUX-ARTS

31111

EXPOSITION DES BEAUX-ARTS

SALON DE 1867

PAR

LOUIS AUVRAY

STATUAIRE

DIRECTEUR DE LA REVUE ARTISTIQUE

Ancien président du Comité central des Artistes, vice-président de la Société Libre des
Beaux-Arts, membre de plusieurs Sociétés savantes.

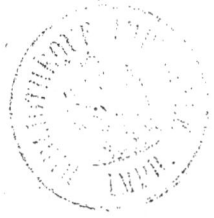

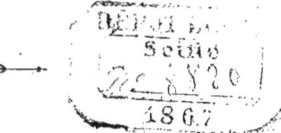

PARIS

Vᵉ JULES RENOUARD, RUE DE TOURNON, 6, ET

AUX BUREAUX DE LA REVUE ARTISTIQUE

RUE BRÉA, 5, FAUBOURG SAINT-GERMAIN

—

1867

OUVRAGES DU MÊME AUTEUR :

POÉSIE

Délassements poétiques d'un artiste (1849). — 1 vol. in-12.

BEAUX-ARTS

Salon de 1834. — 1 vol. in-12.
Salon de 1835. —   Idem.
Salon de 1837. —   Idem.
Salon de 1839. —   Idem.
Salon de 1845. —   Idem. (Sculpture).
Salon de 1852. —   Idem.
Salon de 1853. —   Idem.
Exposition universelle de 1855 (*les Artistes et les Industriels du département du Nord*). — Brochure in-12.
Salon de 1857. — 1 vol. in-12.
Salon de 1859. —   Idem.
Salon de 1861. —   Idem.
Salon de 1863. —   Idem.
Salon de 1864. —   Idem.
Salon de 1865. —   Idem.
Salon de 1866. —   Idem.

Projet de Tombeau pour l'Empereur Napoléon Ier, précédé d'un historique du concours ouvert en 1841, Album in-4° orné de planches gravées et de photographies, dont S. M. l'Empereur Napoléon III a daigné agréer la dédicace.

Tous ces ouvrages se trouvent aux bureaux de *la Revue artistique et littéraire*, rue Bréa, n° 5.

SALON DE 1867

I

LE JURY

Le jury de 1867. — Réformes réalisées, réformes proposées et réformes demandées.

Depuis l'institution du jury d'admission et des récompenses aux Expositions officielles des Beaux-Arts, ses arrêts n'ont cessé d'exciter les réclamations plus ou moins justes des artistes. Les uns l'accusant de n'être pas assez sévère ; les autres, au contraire, de l'être trop pour tout artiste étranger à telle école, à telle camaraderie.

Les premiers formant la minorité, heureusement, parmi les satisfaits, parmi ceux qui ont tout obtenu, récompenses et fortune ; égoïstes et jaloux, ils voudraient qu'il ne fut parlé que d'eux, qu'il n'y eut de travaux que pour eux ; toujours exaspérés à l'apparition de jeunes talents sur la route desquels ils accumulent obstacles sur obstacles en s'écriant qu'il y a trop d'artistes. Ce sont ceux là qui regrettent le *grand salon d'honneur*, où ils trônaient, en concentrant sur eux seuls toute l'attention publique ; ce sont ceux-là qui pleurent l'ancien régime, qui se trouvent humiliés d'être entourés de confrères de tout âge, de tout degré de talent, et qui maudissent la mesure si sage, si libérale, prise par l'administration actuelle pour le classement des ouvrages, mesure qui répand l'intérêt dans toutes les salles de l'Exposition, et qui permet au jeune artiste de voir son œuvre à côté de celle d'un maître, de comparer, d'apprécier ses défauts, et de juger combien il a encore à acquérir pour arriver à la réputation. Enseignement le plus grand, le plus réel, le plus infaillible que puisse désirer un artiste, celui auquel, à notre avis, la France doit l'immense supériorité qu'elle obtient sur toutes les écoles étrangères à l'Exposition universelle de 1867.

Loin d'être exclusifs, les seconds, au contraire, ont toujours protesté contre l'esprit d'école ou de camaraderie, et, poussant les choses à l'extrême, ils voudraient que tous les artistes fussent admis de droit à exposer leurs ouvrages à nos Salons *annuels*.

Toutes les modifications que M. le comte de Nieuwerkerke a apportées au règlement de nos Expositions attestent qu'il a cherché à donner, dans la mesure du possible, satisfaction aux réclamations des artistes. Pour permettre au jury un examen plus sérieux des œuvres qui lui étaient envoyées, il en a diminué le nombre, d'abord en fixant à deux les ouvrages qu'on pouvait exposer, puis en exemptant successivement de l'examen du jury les œuvres des artistes décorés, des médaillistes de 1re, 2e et 3e classes. Ces réformes ont été accueillies par tout le monde avec reconnaissance et avec une satisfaction aussi vive que l'a été le nouveau mode de classement des ouvrages. Quant à l'esprit d'école ou de camaraderie du jury, l'administration a cru y mettre un terme en chargeant les artistes récompensés de choisir eux-mêmes et parmi eux les membres du jury de nos Expositions.

La pratique de ces réformes et les réclamations des artistes prouvent que l'administration n'a pas atteint tout à fait le but qu'elle s'était proposé. Voyons donc ce qu'il lui resterait à faire pour donner satisfaction à tous les inté ressés.

Nous avons dit qu'en modifiant l'article du règlement relatif au jury, on avait voulu mettre un terme à l'esprit d'école et de camaraderie. Y est-on parvenu? Non, pas complétement. En effet, si l'esprit d'école est moins absolu depuis que les artistes récompensés choisissent le jury parmi eux, la camaraderie n'y règne pas moins aujourd'hui qu'autrefois. Il suffit d'avoir assisté à une réunion préparatoire des élections pour en être convaincu. Qu'y a-t-il à faire, et que demande la majorité des artistes (Par majorité des artistes nous comprenons ceux récompensés et ceux qui ne le sont pas encore)?. Ils disent qu'il n'y a pas d'élection sans intrigue, que tout élection est l'expression d'une camaraderie, que réélire constamment les mêmes artistes pour le jury, c'est n'avoir, chaque année, qu'une même manière de voir, ce qui est contraire à la marche progressive des Beaux-Arts; ils pensent qu'il y a un moyen bien simple, déjà expérimenté, d'avoir un jury éclectique et étranger à la camaraderie, c'est de le tirer au sort parmi les artistes récompensés, ainsi que cela se fait à l'école des Beaux-Arts. Est-ce que depuis plusieurs années que ce jury tiré au sort fonctionne pour le jugement des concours des prix de Rome, il a soulevé une récrimination; cependant, nous qui enregistrons, une à une, toutes les plaintes, nous savons si les élèves de l'École sont plus faciles à contenter que les exposants? Ainsi, sur ce point, ce qu'on demande c'est *un jury tiré au sort* au lieu d'un jury élu par un très petit groupe d'artistes.

L'extrême sévérité dont, cette année, on accuse le jury d'admission, appelle une réforme plus importante que nous indiquerons tout à l'heure. Voyons d'abord quel motif porte le jury à cette extrême sévérité et si ce motif est fondé.

Le mobile de cette extrême sévérité, c'est que, selon nous, on n'a pas encore eu une idée exacte de ce que doivent être nos expositions annuelles, que nous pourrions appeler universelles, puisque les artistes étrangers y sont admis et participent comme nous aux récompenses, depuis la simple mention jusqu'à la croix de la Légion d'honneur.

Qu'est-ce donc qu'une Exposition annuelle des Beaux-Arts?
Est-ce une sorte de Musée, un palais où les chefs-d'œuvre

produits dans l'année doivent être seuls admis, comme plusieurs journalistes et plusieurs artistes voudraient le faire croire? Non, car si les œuvres supérieures de l'année devaient seules composer nos Expositions, le Palais des Champs-Elysées deviendrait inutile ; la plus petite de ses salles serait même trop grande. Non, encore une fois ; telle n'a pas été la pensée qui a présidé à la création de nos Expositions annuelles des Beaux-Arts, et nous en trouvons la preuve dans l'institution du jury d'admission et des récompenses qui eût été inutile pour une réunion de chefs-d'œuvre.

Qu'a donc voulu l'État en fondant les Expositions des Beaux-Arts ?

Il a voulu ouvrir un concours annuel entre les artistes de tout pays, exciter l'émulation qui enfante le progrès, donner aux artistes, aux jeunes artistes surtout, l'enseignement le plus réel, le plus saisissant, le plus élevé, en leur fournissant le moyen de comparer leurs ouvrages à ceux à côté desquels ils les verraient placés. Aucune leçon ne saurait valoir celle que l'exposant reçoit de son entourage; il faut être artiste pour apprécier le profit que l'on peut retirer de cette étude comparative. Aussi, trouvons nous qu'en se montrant d'une extrême sévérité, le jury méconnait le principe libéral de nos Expositions

Si, par son extrême sévérité, le jury pense arriver à n'avoir que des œuvres supérieures à l'Exposition, il manque et manquera toujours son but par cette simple raison que les artistes récompensés sont sujets aussi à des défaillances, et que, parmi eux, ils s'en trouvent parfois dont les ouvrages ne seraient pas admis s'ils n'étaient ceux des médaillistes exemptés du jury (1). C'est là une vérité qui n'est contestée par personne. Eh bien ! nous le demandons, le public n'a-t-il pas le droit de crier à l'injustice quand il rencontre au Salon des œuvres inférieures à celles qu'il a vues dans les

---

(1) Cette année, les tableaux d'un médailliste de 3ᵉ classe qui avait oublié de mettre sur ses toiles le signe EX, qui signifie : exempt du jury, ont été refusés. Heureusement, l'administration a reconnu l'erreur assez tôt pour la réparer et porter le nom de cet artiste au catalogue avant son impression.

ateliers et qui ont été refusées? En bonne justice, le jury devrait prendre pour point de comparaison l'œuvre la plus faible des artistes exemptés, et se borner à refuser tout ce qui serait inférieur à cette œuvre.

Nous ne voulons faire aucune personnalité. Notre but est et sera toujours de servir la cause des artistes sans jamais porter atteinte à la réputation et aux intérêts de qui que ce soit. Mais il n'est pas un de nous qui ne se soit demandé souvent comment tel camarade d'atelier se trouvait être médailliste plutôt que tel autre camarade d'un talent égal, sinon supérieur? Mon Dieu, c'est la chance! Ainsi, par exemple, vous êtes du jury, vous avez deux médailles à distribuer entre dix exposants d'un mérite égal; n'en pouvant donner à chacun d'eux, il est certain que si parmi eux vous avez un ami, vous lui donnerez une médaille. C'est une préférence, un entraînement sympathique auquel nous obéirions tous; ce n'est pas ce qu'on appelle une injustice. Que de fois M. de Nieuwerkerke a regretté de ne pas disposer d'assez de médailles pour récompenser tous les exposants d'un même degré de talent! L'Empereur peut récompenser tous les braves d'un régiment en suspendant au drapeau la croix d'honneur! Mais nos travaux sont personnels, et M. le surintendant ne peut faire comme l'Empereur. Cela constitue néanmoins un préjudice pour ceux qui, faute de médailles disponibles, n'ont pu être récompensés, raison pour laquelle l'admission de leurs travaux reste toujours soumise à l'examen du jury des Expositions. Or, n'y a-t-il pas là quelque chose d'injuste, d'humiliant pour ces artistes, pour ceux du moins qui ont été admis cinq fois au Salon? Ne serait-il pas équitable de leur dire : « Vous avez donné des preuves suffisantes de capacité, désormais vous serez, comme les médaillistes de 3e classe, exemptés du jury. » Jamais décision n'aurait été plus chaleureusement accueillie, jamais réforme n'aurait fait plus d'heureux.

Du reste, ces réformes sont reconnues tellement justes, tellement nécessaires par tout le monde, que les membres du jury de peinture s'en sont préoccupés. Partout des projets sont sur le tapis; ils n'ont rien de neuf et sont inacceptables. Celui-là voudrait que personne ne fut exempté de soumettre ses ouvrages au jury, pas même les membres de l'Institut, et que le jury fut excessivement sévère. — Oui, excepté pour eux et leurs amis. Nous connaissons cela. Et puis, où trouver un jury pour juger les œuvres des membres de l'Institut et des médaillistes ?

Celui-ci proposerait, au contraire, une exposition libre où tout le monde serait admis, mais où chaque ouvrage serait classé et numéroté selon son mérite. — Organisation blessante pour tout le monde, excepté pour les membres du jury de classement et leurs amis. Et puis apercevez-vous aux prises les partisans des diverses écoles, des différentes manières de voir dans les arts ? Quelle tour de Babel, grand Dieu !

Un autre désirait une Exposition permanente faite par l'Etat, où tout le monde serait admis de droit, mais où les œuvres formeraient deux galeries : d'un côté les bonnes choses, et de l'autre les mauvaises. — Système tout aussi blessant et aussi antilibéral que le précédent. De pareilles propositions attestent une grande inexpérience, une ignorance de tout ce qui a été dit, écrit, essayé, sur les expositions à Paris et à l'étranger.

Quant à nous, tout en proclamant les heureux résultats des changements apportés au règlement des Expositions, nous croyons que M. le comte de Nieuwerkerke compléterait les bienfaits que les artistes doivent déjà à son initiative, en remplaçant le jury actuel par un autre plus indépendant, plus éclectique, par un jury tiré au sort parmi les artistes récompensés, et en exemptant du jury les ouvrages des artistes ayant été admis cinq fois au moins à l'exposition annuelle des Beaux-Arts. Cinq admissions au Salon ne semblent-elles pas une garantie suffisante ? qu'on exige alors dix expositions si l'on veut ; mais au nom de l'équité, que l'on fixe au moins un terme où l'artiste, qui a subi avec succès l'examen du jury pendant cinq ou dix ans, qui a contribué à la décoration de nos monuments publics et de nos musées, et qui, dans tout autre pays aurait le titre de *Professeur* (1), ne soit plus ici traité comme un rapin.

---

(1) En Allemagne, nous avons été surpris de voir que tous les artistes avaient le titre de *professor* et faisaient précéder leur nom de la particule *von*.

OUVERTURE DU SALON

L'ouverture de l'Exposition annuelle des Beaux-Arts a eu lieu le 15 avril, ainsi qu'on l'avait annoncé.

L'aspect général est des plus satisfaisants, quoique nous ayons trouvé beaucoup d'œuvres inférieures à celles que nous avions vues dans les ateliers et qui ont été refusées par le jury, et, si ce n'était la crainte de nuire, nous en donnerions immédiatement la preuve. C'est à tort que le public croit que tout ce qui a été rejeté par le jury est inférieur aux œuvres les plus faibles du Salon, et de conclure de là qu'on a bien fait de refuser les 593 ouvrages que le livret compte de moins sur celui de l'année dernière.

Ces 593 ouvrages de moins qu'en 1866 ont permis d'espacer davantage les tableaux, ce qui donne aux salles un aspect moins encombré et plus agréable, aspect du reste qu'on obtiendrait même avec un plus grand nombre d'ouvrages à exposer, en ouvrant une ou deux salles de plus, car elles ne manquent pas au palais des Champs-Élysées.

Un de ces critiques improvisés, qui traitent des Beaux-Arts avec la même facilité qu'ils écriraient n'importe sur quel sujet, trouve que le jury n'a pas été assez sévère, qu'il faut décourager les débuts des jeunes artistes que tant de déboires attendent sur la route qu'ils veulent suivre. Notre jeune Zoïle ignore que, sauf de rares exceptions, tous les débuts sont pénibles dans les professions libérales, et que si l'on repoussait tous les exposants à leurs débuts, la décadence arriverait bientôt en ne laissant debout que la routine. Est-ce que ce ne sont pas les jeunes idées, nourries de la science acquise, qui font le progrès? Notre naïf confrère se figure peut-être que les grands artistes ont commencé par faire des chefs-d'œuvre? Qu'il examine à la mairie du Havre, à la bibliothèque de l'Institut et dans quelques musées de province, les premières productions de David d'Angers, de Pradier et d'Eugène Delacroix, et qu'il dise ensuite si l'on aurait eu raison de repousser, de décourager ces artistes à leurs débuts et d'avoir, en agissant ainsi, privé la France d'aussi grands maîtres.

L'inauguration d'une Exposition des Beaux-Arts est toujours une fête pour l'élite de la société parisienne. Il n'y a qu'en France qu'on rencontre cet empressement, cet enthousiasme. Nous nous souvenons qu'à l'ouverture d'une exposition à Munich, c'est à peine s'il y avait vingt personnes, et encore étaient-ce des exposants comme nous. Tandis qu'ici, quelle animation! quel va-et-vient! que de rencontres! que de poignées de mains et que de questions! — Êtes-vous bien placé? — Venez donc voir mon tableau?... Et l'on court dans telle salle avec celui-ci, dans tel pavillon avec celui-là. Si bien qu'on sort brisé, étourdi, et qu'on ne sait plus ce qu'on a vu. C'est ce qui nous arrive en ce moment. Nous allons cependant recueillir nos souvenirs, afin de commettre le moins d'oublis possibles.

Nous commencerons comme d'habitude notre examen par la peinture que nous diviserons en trois parties : — 1º histoire, genre et portraits; — 2º paysages, intérieurs, marines. animaux et natures mortes; — 3º dessins, pastels et aquarelles.

III

HISTOIRE, GENRE ET PORTRAITS

Le placement et l'éclairage des tableaux. — La rédaction du livret. — Le grand Salon carré. — MM. Gustave Doré, Clément, Victor Giraud, Eugène Giraud, Charles Giraud, Puvis de Chavannes, Meissonier, Jules Breton, Philippoteaux, Viger, Beaucé, Protais, Schreyer, Feragu, Leman, Yvon, Cabanel, Lehmann, Heilbuth, Knaus, Henri Lévy, Humbert, Lecomte-Dunouy, Glaize père, Glaize fils.

Si nous regardons comme un devoir de signaler respectueusement à l'administration des Beaux-Arts les réformes que réclament le progrès et l'intérêt des artistes, nous tenons aussi comme un devoir de signaler à l'attention publique tout ce que l'administration fait d'utile et de favorable. On nous permettra donc, avant de commencer notre compte rendu des œuvres qui composent le Salon de 1867, de la féliciter du classement des tableaux, de les avoir placés à une hauteur convenable et d'avoir établi, dans chacune des salles, des *velum* afin de répandre plus avantageusement la lumière sur les peintures exposées. Nos compliments aussi à Messieurs les Rédacteurs du Catalogue pour les modifications qu'ils y ont apportées (1).

Celui qui a vécu à l'étranger, qui a vu ce que les artistes y produisent, celui-là doit-être surpris de l'activité, de la fécondité du génie français, qui peut fournir à la fois des œuvres considérables aux deux Expositions ouvertes en ce moment et occuper le premier rang dans chacun des genres qui y figurent. Car l'immense supériorité artistique de la France ne se révèle pas moins victorieusement au Salon annuel du Palais des Champs-Élysées qu'à l'Exposition universelle du Champ-de-Mars. La galerie rétrospective des Beaux-Arts, au Champ-de-Mars, nous montre le passé et le présent artistique de tous les peuples ; à l'Exposition annuelle du Palais des Champs-Élysées, nous trouvons le présent et les prémices de l'avenir artistique de la France, prémices heureuses d'une génération nouvelle, instruite, ardente, dégagée de tout préjugé, de tout système, et qui, nous en sommes convaincu, saura grandir encore la renommée de l'école française.

Nous sommes des enfants gâtés de la gloire ; nous n'apprécions la grandeur et la puissance de la France que quand nous vivons chez les peuples voisins ou quand l'étranger entre en lice pour se mesurer avec nous, comme en ce moment, à l'Exposition universelle. Alors, en présence des faits, il faut bien se rendre à l'évidence. Aussi, on n'entend pas, cette année, nos confrères de la presse crier à la décadence, ainsi qu'ils avaient pris l'habitude de le faire à l'ouverture de nos Expositions annuelles des Beaux-Arts? Non, et quelques-uns d'entre eux sont tellement embarrassés qu'ils ont jugé prudent de renoncer aux comptes rendus du Salon.

---

(1) Il ne nous reste plus qu'une seule observation à leur faire, ce sera la dernière. Le règlement exige que chaque artiste écrive sur la notice qu'il dépose : ses noms, le lieu de sa naissance et le nom de son professeur, renseignements indispensables pour quiconque écrit sur les Beaux-Arts, pour les biographes et les nécrologes. Or, l'un des rédacteurs ne pourrait-il pas être chargé tout spécialement de combler les oublis assez nombreux de ces notices, de manière à avoir un livret aussi complet que possible? La chose nous paraît facile.

Appelé à examiner les œuvres d'art exposées au Champ-de-Mars et celles du Palais des Champs-Élysées, par lesquelles devons-nous commencer? L'Exposition du Palais des Champs-Élysées devant durer beaucoup moins longtemps, nous nous occuperons d'elle d'abord, pour finir par celle du Champ-de-Mars, qui ne sera close qu'au mois d'octobre.

Il est impossible d'entrer aux galeries de peinture sans que le regard soit attiré par la toile immense qui occupe tout le panneau qui fait face à la porte du grand salon carré. C'est le *Tapis vert* (sans doute la t ble de jeu à Baden-Baden), tableau de trente pieds de long, peint par M. Gustave Doré, qui a voulu prouver qu'il savait faire plus que des vignettes de livres. Certes, il y a beaucoup à reprocher au dessin, à la couleur et à la mise en scène de cette vaste composition ; elle aurait dû impressionner, être dramatique, et cependant elle ne produit aucune sensation, ne remue aucune des fibres du cœur. Néanmoins, il serait injuste de méconnaître la somme de talent dont l'artiste a fait preuve, et il est certain que s'il s'était appliqué davantage à la peinture, que s'il avait produit autant de tableaux qu'il a improvisé de vignettes, M. Gustave Doré serait aujourd'hui aussi grand peintre qu'il est célèbre dessinateur.

Une autre grande composition placée au centre du panneau de gauche de la même salle, la *Mort de César*, par M. Clément, est une peinture académique ; c'est l'envoi de Rome d'un pensionnaire de l'École des Beaux-Arts. Il y a du style, des morceaux bien étudiés, mais la composition est cherchée, arrangée ; elle n'a ni la simplicité, ni la grandeur, ni l'originalité du même sujet traité, il y a quelques années, par M. Gérôme.

Presque en face, sur le panneau de droite, se trouve un tableau tout aussi grand, mais d'un coloris plus vigoureux, plus harmonieux. C'est l'œuvre d'un jeune artiste qui, du premier coup, se pose en maître. L'année dernière, c'était le fils de M. Robert-Fleury qui débutait par une œuvre d'un grand mérite ; aujourd'hui, voici M. Victor Giraud qui veut arriver à la célébrité dont son père, M. Eugène Giraud, et son oncle, M. Charles Giraud, lui ont montré la route. La composition de ce grand tableau, intitulé : *Un Marchand d'Esclaves*, est simple et vrai, les groupes naturellement disposés. La pose du personnage assis au centre, et auquel le marchand présente une jeune esclave, est noble, la tête a du caractère, les draperies ont de l'ampleur et sont agencées avec goût. Le mouvement de cette jeune esclave est chaste et naturel : cette figure nue, qui fait tout l'intérêt du tableau, en était la partie la plus difficile ; mais M. Victor Giraud s'en est tiré avec honneur. L'effet général est charmant, l'air et la lumière circulent bien partout ; les nombreuses figures y sont bien à leur plan, qualité qui manque à beaucoup de toiles du Salon. Voilà un début qui vaudra une médaille à M. Victor Giraud, et qui promet un coloriste de plus à l'école française.

Du reste, comment n'être pas coloriste quand on est le fils d'un peintre comme M. Eugène Giraud? Quelle verve ! quel entrain il y a dans son tableau de cette année, le *Bal de l'Opéra !* Ah! les enragés ! s'amusent-ils, gesticulent-ils, s'eng... (oh! pardon !) comme ils s'en disent ! on croit les entendre. Et comme l'effet de lumière est bien rendu ! C'est là un digne pendant à la jolie toile du dernier Salon, *Une Nuit parisienne* (la sortie du bal de l'Opéra).

Quant à M. Charles Giraud, le frère d'Eugène et l'oncle de M. Victor Giraud dont nous venons de parler, nous le retrouverons au chapitre des *Intérieurs*. En attendant, nous ne pouvons résister à vous dire un mot d'une petite toile intitulée : le *Pardon de Saint-Mathieu* (basse Bretagne). — Lecteur, aimez-vous le cidre ?—Pas plus que nous sans doute. Eh bien ! allez voir le tableau de M. Charles Giraud, et, saint Mathieu nous le pardonne ! vous aurez envie d'en boire. Ah ! ces bas Bretons, comme ils s'en donnent ! Il paraît que, pour le *Pardon de Saint-Mathieu*, plus on vide de pots de cidre, plus on est pardonné, car c'est à qui boira le plus ; hommes, femmes, enfants, tout le monde y va gaiement. Rien de plus curieux, de plus pittoresque que cette espèce de kermesse bretonne, croquée d'après nature.

Rentrons au grand salon carré, où quelques toiles appellent notre attention. Que dire du tableau de M. Puvis de Chavannes, intitulé : *Sommeil?* Ce que nous avons toujours dit : que nous ne comprenions pas cette peinture de convention, cette couleur terreuse, grise, rougeâtre, lourde, qui ne nous rappelle en rien les beautés de la nature. Cette peinture nous impressionne aussi péniblement qu'un jour sombre et pluvieux. Nous avons vu, il y a quelques années, des compositions de cet artiste, qui nous ont paru mieux comprises et mieux dessinées surtout.

Au-dessous de cette grande toile, nous en trouvons deux toutes petites, mais deux bijoux de M. Meissonier qui ne sont pas portés au livret de la première édition : l'un, le plus petit, est une *Halte à l'Auberge ;* l'autre, *Napoléon I*er (grisaille), est un chef-d'œuvre de modelé.

Le *Retour des Champs*, par M. Jules Breton, est une charmante composition, d'un sentiment doux, mélancolique ; ces trois jeunes paysannes forment un groupe d'un bel aspect. Malheureusement, M. Jules Breton n'a qu'une note ; elle est harmonieuse, sympathique, c'est vrai, mais ce sont toujours les mêmes effets, les mêmes procédés. Pourquoi ne quitterait-il pas le crépuscule, ne sortirait-il pas ses paysannes de la pénombre pour les mettre en scène à l'ardeur du soleil ? Son habile pinceau y trouverait de beaux et nouveaux effets.

De chaque côté de ce tableau, se trouvent deux sujets intéressants, et traités avec talent ; l'un, par M. Philippoteaux, représente l'*Arrivée des Cendres de Napoléon I*er, *à Courbevoie, le 14 décembre 1840, à quatre heures du soir*, au moment où le maréchal Soult s'agenouille devant le cercueil placé sur le pont du bateau à vapeur la *Dorade*. Cette scène imposante est bien rendue. Pour l'autre tableau, *Visite de Joséphine de Beauharnais à son Mari, détenu au Luxembourg*, l'auteur, M. Viger, s'est inspiré de ce passage d'une lettre de Joséphine à sa tante, Mme Fanny de Beauharnais :

« ... Mon mari avait désiré voir ses enfants. On leur avait dit que leur père était malade, et que le médecin, à cause de la salubrité de l'air, l'avait engagé à loger au Luxembourg.

» Hortense remarqua que l'appartement de M. de Beauharnais était bien réduit, et dit à son frère : — Crois-tu que papa soit malade ? ce n'est pas, au moins, d'une maladie que les médecins guérissent. — Oh ! ma sœur, ce que tu dis là est bien singulier ; papa et maman ne peuvent nous tromper. — Cela est, au contraire tout simple, repartit Hortense, surtout lorsqu'il s'agit d'épargner des chagrins à leurs enfants.

» A ces mots, elle se jeta dans mes bras, passa l'un des siens au cou de son père, et Eugène acheva de rendre cette scène touchante par ses caresses. Aimable et doux enfant, il a autant de sensibilité que sa sœur a de pénétration dans l'esprit »

Cette scène est touchante ; le sentiment d'anxiété et de douleur contenue du général de Beauharnais, la tendre affection des enfants, Hortense et Eugène, pour leur père, sont heureusement exprimés. On pourrait peut-être reprocher à l'artiste de n'avoir pas mis plus de tristesse dans la physionomie de Mme de Beauharnais, si l'on ne savait la volonté qu'elle avait de cacher à ses enfants le malheur qui les menaçait. Tout dans cette petite toile est étudié avec cette conscience et avec ce soin extrême que M. Viger apporte dans ses tableaux de chevalet.

On ne se plaindra pas, cette année, du trop grand nombre de tableaux de batailles, car le grand salon carré ne contient que quelques sujets militaires. La *Prise du Fort San-Xavier, devant Puebla, le* 29 mars 1863, est une des meilleures compositions de M. Beaucé ; l'action est clairement décrite dans son ensemble, ce qu'il est rare de rencontrer dans les tableaux de batailles ; on sent que l'artiste était au Mexique, et que tout, dans cette toile, a été fait d'après nature. M. Beaucé a dans la même salle un très beau *Portrait de S. Exc. le maréchal Bazaine*. La pose est simple, aisée, et sans doute familière au maréchal ; la tête et les mains sont bien modelées, et les accessoires, les vêtements très habilement peints.

Le *Retour de Crimée ; en vue de France*, par M. Protais, est d'un sentiment philosophique comme la plupart des compositions de ce peintre. Au cri : *France !* jeté par les marins en apercevant au loin la silhouette des côtes de cette terre chérie, la joie rayonne sur tous ces visages amaigris par les fatigues de la guerre ; les malades se soulèvent, raniment leurs forces et jettent un regard avide à l'horizon ; les moribonds se font monter sur le pont apercevoir encore une fois le sol de la patrie qu'ils n'espéraient plus revoir, et qu'ils vont enfin toucher. Les militaires peints par M. Protais n'ont rien des troupiers vulgaires; ils sont fins et distingués de formes et d'allures comme la pensée de ses compositions est élevée et profonde.

Les compositions de M. Schreyër n'impressionnent pas moins profondément, et avec une mise en scène plus simple, plus saisissante. *Abandonnée !* est une peinture navrante. Sous un ciel froid, pluvieux, dans des terrains défoncés par le passage des armées, une voiture chargée d'armes, de bagages militaires, est abandonnée au milieu des steppes de la Russie; l'un des chevaux de l'attelage et le cavalier qui le montait ont été tués ; l'autre cheval, resté vivant et attelé à ce chariot qu'il ne saurait traîner, pousse, depuis plusieurs jours peut être, d'inutiles et lamentables hennissements.... il est abandonné!... Peint de main de maître, ce drame donne le frisson. Nous avons du même artiste, dans la salle S, un tableau qui appartient au roi des Belges, c'est *Un Haras en Valachie*, où tous les chevaux se pressent les uns contre les autres, derrière un auvent, pour se tenir chaud mutuellement et s'abriter contre le vent et la neige. C'est là encore une des bonnes peintures du Salon de 1867.

Nous remarquons encore dans cette salle quelques peintures qu'on appelle *officielles*, bien qu'elles ne le soient pas plus que d'autres : *l'Impératrice sortant de visiter les Cholériques à l'Hôtel-Dieu, à Amiens, et recevant la demande d'une grâce aussitôt accordée*, tableau de M. Feragu, bien composé et bien peint. — *Louis XIV recevant les Ambassadeurs du roi de Siam*, et *M. Aubaret, consul de France, remettant au roi de Siam une lettre de S. M. Napoléon III*, deux tableaux dans lesquels M. Leman a reproduit des détails historiques du plus grand intérêt. — *S. A. le Prince Impérial, offrant une Collation aux enfants de troupe, sur le champ de manœuvre du bois de Boulogne, le 30 novembre* 1860, charmante petite toile de M. Yvon, où l'on retrouve de beaux types de troupiers et la touche franche du maître.

Les portraits ne sont pas non plus très nombreux dans cette salle; nous n'en citerons que deux, mais ils sont des plus remarquables sous le rapport du dessin, de la couleur et de la ressemblance : le *Portrait de M. Delangle, procureur général près la Cour de cassation*, par M. Cabanel, et le *Portrait de S. G. Mgr Darboy, archevêque de Paris*, par M. Lehmann.

A côté de ce portrait, se trouve une spirituelle composition de M Heilbuth, l'observateur par excellence des usages et des mœurs du clergé italien. Sous ce titre : *Promenade*, l'artiste nous montre un vieux cardinal qui donne sa main à baiser à un jeune séminariste. Les deux valets restés à distance sont deux types parfaits des domestiques italiens, que personne n'a mieux étudiés que cet artiste. M. Heilbuth nous en fournit une nouvelle preuve dans un autre tableau, le *Vestibule* d'un cardinal, où trois valets se chauffent autour d'un réchaud, trois types d'un caractère différent, et qu'on croit avoir vus, tant ils sont vrais.

M. Knaus, lui, s'est fait le peintre des mœurs badoises, et il n'en sort pas. Ces succès lui ont valu beaucoup d'imitateurs, mais, comme toujours, aucun ne réussit aussi bien que lui nos bons voisins des bords du Rhin. *Son Altesse en Voyage*, qu'il expose cette année, représente un petit duc quelconque, comme il y en a tant en Allemagne. Il est descendu de calèche pour traverser à pied un tout petit village. Les quelques habitants et leurs enfants, accourent sur son passage, et le saluent profondément, sans que Son Altesse daigne s'en apercevoir, tandis que, derrière lui, son aide de camp et un jeune officier rient de ces pauvres paysans, ou peut-être de l'humeur de Son Altesse. Le coloris de M. Knaus n'est pas puissant, mais il est fin et harmonieux.

Aux deux angles de cette salle, on a placé deux grandes toiles qui se font pendant, et dans lesquelles nous retrouvons quelques réminiscences de peintures d'Eugène Delacroix. M. Henri Lévy s'est souvenu de la *Médée* de ce maître, en composant et en peignant son tableau de *Joas sauvé du massacre des petits-fils d'Athalie*, et il ne pouvait s'inspirer mieux. L'*Enlèvement, épisode de l'invasion des Sarrasins en Espagne*, peint par M. Humbert, rappelle le *Massacre de Chio*, de Delacroix. Comme ce maître, M. Humbert a concentré tout son talent, donné tous ses soins au torse de cette femme et au cavalier qui l'enlève, groupe central et principal du tableau. Un peu plus loin que les deux toiles que nous venons de citer pour les qualités du dessin et du coloris, nous voyons une composition d'un caractère simple et sévère qui convient au sujet. C'est *Job répondant à ses amis : « J'ai souvent entendu de pareils discours. Vous êtes tous des consolateurs fâcheux,* » tableau qui fait honneur au pinceau de M. Lecomte-Dunouy.

Avant de quitter le grand salon carré, examinons une composition philosophique de M. Glaize *père*, car ainsi que MM. Robert-Fleury, Eugène Giraud, Hipp-Bellangé, Meissonier, Dubufe, Lazerge, il a le bonheur que, dès ses débuts, son fils soit arrivé à la renommée. Les sujets philosophiques ont le malheur de n'être pas beaucoup plus intelligibles que les allégories mythologiques. C'est ce qui arrive au tableau que M. Glaize père expose sous ce titre : *La postérité à Jeanne d'Arc!* Il y a là sur le premier plan des prêtres et des moines dont les poses sont équivoques et un petit guerrier tout bardé de fer, roide comme un mannequin d'armurier et dont on ne s'explique pas le rôle. Il n'y a de vraiment réussi que Jeanne d'Arc et les figures allégoriques qui dominent la composition.

M. Glaize fils semble vouloir suivre son père dans la peinture philosophique. Sous ce titre : *L'Egide*, il a peint un jeune homme qui, sous l'égide de Minerve, a la sagesse et la force de résister au désir de suivre une belle jeune fille qui le fascine du regard et lui indique discrètement le bosquet voisin, favorable aux amours. Cette scène est écrite avec un tact, une réserve, une clarté qui font honneur à l'esprit et au goût du jeune artiste. Nous devons louer aussi le style, l'élégance du dessin, tout en reprochant un peu de roideur dans le mouvement et les draperies de Minerve.

IV

HISTOIRE, GENRE ET PORTRAITS (suite).

Lettre sur la réorganisation du jury. — Notre opinion. — Suite de notre examen des peintures. — MM. Jérôme, Fromentin, Théodore Frère, Brion, Cartellier, Amaury-Duval, Saintin, Aubert, Adolphe Weber, Bonnat, Cabanel, Gustave Jacquet, Fichel, Mme Henriette Browne, MM. Théodore Delamarre, Sellier, Massé, Jules Cellier.

Nous recevons et publions la lettre suivante parce qu'elle est une preuve que dans toutes les classes de la société on se préoccupe de la situation anormale des artistes et de la nécessité des réformes à introduire au règlement de nos Expositions annuelles des Beaux-Arts :

Paris, le 5 mai 1867.

Monsieur le Rédacteur de *la Revue artistique,*

Permettez-moi de vous esquisser, sans préambule, pour ne pas abuser de votre temps, un projet d'exposition artis-

..ique, qui me semble infiniment plus logique que le système actuel, où tout est livré à l'arbitraire, sans aucune garantie pour l'avenir de l'artiste.

Les heureux qui sont acceptés coudoient aujourd'hui, au Salon, les « exempts » et les « hors concours. » Il est clair que l'un écrase l'autre, et que l'honneur d'être admis cette année n'empêche nullement le déshonneur d'être refusé l'année prochaine.

Il faut *organiser* l'art, en faire une carrière dans laquelle on puisse, dans un certain sens, avancer hiérarchiquement.

Voici mon projet.

1º Il y aura une salle d'honneur destinée aux « hors concours ; »

2º Une ou plusieurs deuxièmes salles pour les « exempts ; »

3º D'autres salles de *première classe ;*

4º D'autres encore de *deuxième classe.*

L'admission aux salles de première et de deuxième classe est prononcée par le jury. Le livret est modifié en conséquence. L'ordre alphabétique est maintenu pour chacune des quatre catégories séparément. Le numéro d'ordre commence par la salle d'honneur et descend régulièrement. Le volume se termine par une table générale alphabétique des noms des exposants.

Mais cela ne suffit pas. L'artiste qui soumet un ouvrage au jury doit présenter quelque garantie qui puisse imposer un frein à l'arbitraire du même jury. Il faut un *Salon des élèves.*

Les élèves de tous les ateliers publics ou privés, sans distinction de sexe, et ceux qui apprennent chez eux, sont libres de soumettre leurs ouvrages à un jury spécial — à cette seule condition que ces ouvrages ne soient pas des copies, mais des portraits, des académies, des sujets *originaux,* des paysages faits d'après nature. Cela exclut tous les commençants : on est déjà avancé.

Le jury refuse ici tout ce qui est absolument mauvais, mais il est indulgent à l'égard de tout travail consciencieux et au moins passable.

Celui qui a été trois fois reçu au Salon des élèves, passe de droit à la prochaine exposition, dans les salles de *deuxième classe.* C'est son baccalauréat. Il ne pourra désormais être soumis au jury que pour voir s'il a droit de passer dans la première classe, mais il est à l'abri du *refus.*

Celui qui est arrivé dans la première classe, ne peut plus être relégué dans la deuxième. Il a acquis sa *licence*, et il ne passe sous les yeux du jury que pour voir s'il mérite d'être *exempt* ou médaillé : ce sera son *doctorat.* A partir de là, passer dans la salle d'honneur est une question de talent exceptionnel, etc.

Qu'arrivera-t-il à celui qui expose sans avoir passé par la filière du Salon des élèves. Il pourra être reçu, mais rien ne l'empêchera d'être refusé s'il le mérite.

Mettons qu'un élève ait exposé trois fois en six ans, qu'il ait ensuite exposé six ans dans la deuxième classe, dix ans dans la première, il sera exempt à l'âge de trente-six à quarante ans, ce qui me paraît plus raisonnable que de briser la carrière d'un homme de quarante ans après vingt ans de succès, comme cela peut arriver aujourd'hui.

Agréez, monsieur le Rédacteur, l'expression de ma haute considération.

Henri BERGEL.

Nous ne partageons pas, le lecteur le sait (1), toutes les idées émises par notre correspondant. Dans les arts, l'appréciation des œuvres étant surtout une affaire de sentiment et de goût, il est impossible d'établir des catégories de talent sans soulever les plus violentes contestations. En effet, telle œuvre dédaignée par celui-ci est admiré par celui-là. Ainsi Watteau est « un pauvre peintre » pour tel membre de l'Académie des Beaux-Arts ; mais cet académicien n'est lui-même qu'un crétin aux yeux de tel autre artiste ; il y a deux ans, la statue du *chanteur florentin*, de M. Paul Dubois, était proclamée un chef-d'œuvre auquel le jury décernait la médaille d'honneur, et cette année, à l'Exposition universelle, le même jury n'accorde pas une simple médaille à cette statue, tandis qu'une statue qui n'avait obtenu précédemment qu'une médaille de troisième classe en a une de première classe à l'Exposition universelle, et se trouve ainsi élevée au niveau du groupe d'*Ugolin*, de M. Carpeaux, qui n'a aussi qu'une médaille de première classe, et auquel il y a deux ans, on

---

(1) Voir notre *Salon de* 1866.

aurait volontiers donné une médaille d'honneur. On le voit, l'appréciation des œuvres d'art est toute de sentiment, de mode, d'engouement ou de camaraderie, ce qui fait que Watteau n'en sera pas moins éternellement un grand peintre, le *chanteur florentin*, de M. Dubois, l'un des chefs-d'œuvre de la statuaire contemporaine, et le groupe d'*Ugolin*, de M. Carpeaux, l'une des compositions les plus considérables de notre époque. Ces jugements si divers, si opposés sur les œuvres d'art rendent tout classement par ordre de mérite impossible, puisque nous venons de le prouver, les œuvres que tel jury classerait dans la première catégorie seraient reléguées dans la deuxième par tel autre jury. D'ailleurs aucun artiste ne consentirait à voir ses ouvrages placés dans les salles de troisième ou deuxième catégorie, il préférera toujours un refus, tel injuste qu'il soit. Voilà pourquoi nous avons félicité l'Administration d'avoir supprimé le salon d'honneur qui n'est plus que le salon dit *officiel*, voilà pourquoi aussi nous croyons qu'il serait difficile de trouver une organisation plus logique, plus libérale, plus avantageuse, qui sauvegarda mieux l'amour-propre et les intérêts des artistes que le classement actuel des tableaux à l'Exposition du palais des Champs-Elysées.

Ce que nous demandons au nom des artistes est on ne peut plus simple et plus juste, c'est le complément des réformes déjà octroyées par M. le surintendant :

1º Le jury d'admission à l'Exposition tiré au sort, afin d'éviter les influences d'école ou de camaraderie, et d'empêcher que la coterie de la brasserie de la rue des Martyrs ou celle de la rue de Rennes l'emporte aux élections.

2º Exempter du jury d'admission les ouvrages des artistes dont les œuvres ont été admises cinq fois aux expositions annuelles, car ces cinq épreuves établissent une capacité suffisante, d'autant plus que la plupart de ces artistes ont produit des travaux qui décorent les musées et les monuments publics.

Nous croyons que ces deux réformes donneraient à la fois satisfaction aux intérêts et à l'amour-propre des artistes, sans causer aucun embarras à l'administration.

Maintenant que nous avons dit les raisons pour lesquelles nous ne partageons pas complètement les idées de notre correspondant, nous allons continuer notre examen des tableaux placés dans les galeries du palais des Champs-Élysées.

M. Gérôme prend sa revanche de l'espèce d'insuccès de sa *Cléopâtre* exposée au Salon de 1866. Les deux toiles qu'il expose cette année sont des mieux réussies. Le *Marchand d'habits au Caire* est d'un effet très pittoresque ; l'Egyptien qui marchande le sabre dont il tate le fil de la lame, est un type d'un joli caractère, d'une finesse de traits qui forment un heureux contraste avec la physionomie du marchand d'habits. Le second tableau, *Marché d'esclaves*, est une composition non moins originale qui nous montre avec quels soins on inspecte l'état de santé d'une esclave avant de l'acheter. Cet acquéreur qui fourre son doigt dans la bouche de cette jeune fille pour s'assurer de la beauté des dents, est d'une gravité tout orientale, qu'on ne rencontre que chez les maquignons. Les nombreux accessoires de ces deux petits tableaux sont rendus avec cette perfection, cette délicatesse de pinceau qui distinguent le talent de M. Gérôme.

Les *Bateleurs nègres du Sahara* et les *Femmes des Ouled-Nayls*, exposés par M. Fromentin, sont deux toiles d'une couleur puissante et harmonieuse, sans être d'une vérité locale. Il y a là des réminiscences de coloris des maîtres vénitiens et des effets des peintures de Géricault et de Delacroix. Les figures nous paraissent moins bien réussies que celles de son charmant tableau de l'année passée : *Tribu nomade en marche vers les pâturages du Tell.* — M. Théodore Frère est plus vrai dans ses effets, plus local dans les tons de sa couleur. En voyant ces tableaux, même ceux qui n'ont aucun personnage, il est impossible de douter du pays qu'ils représentent; on se sent en Orient. Personne ne rend avec plus de charme l'aspect si poétique, si imposant des solitudes de l'Orient; aussi les toiles de M. Théodore Frère sont-elles très-recherchées des amateurs. Le plus grand des deux tableaux qu'il expose représente des chasseurs à l'affût près des *Ruines de Thèbes* (*Haute-Égypte*), et prêts à tirer un lion qu'on aperçoit dans le fond. Cet effet de crépuscule est d'une grande fraîcheur de ton. L'autre tableau est au contraire très-chaud de couleur ; ici c'est une caravane qui est campée *Aux portes du Caire*, et à laquelle des marchands de la ville viennent offrir des fruits et des rafraîchissements. Le soleil est brûlant, aussi on conçoit que sous cette atmosphère on ait besoin de se rafraîchir. Les figures de cette petite toile sont groupées avec art et dessinées avec la conscience que cet artiste apporte dans toutes ses compositions.

Le talent de M. Brion tourne à la grande peinture, c'est-à-dire au style, car ce n'est pas seulement le grand cadre qui fait le grand art, c'est surtout le style. Ainsi son tableau des *Paysans des Vosges fuyant l'invasion de* 1814, est bien inférieur à cette autre toile de même dimension, intitulée le *Sixième jour de la création*, et qui a été inspirée par ce verset de la *Genèse* : « Dieu vit toutes les choses qu'il avait » faites et elles étaient très-bonnes. Et du soir au matin se » fit le sixième. » Dieu, c'est-à-dire le père éternel, vogue sur les nuages comme Neptune sur les vagues de la mer agitée ; sa robe et son ample manteau en *flanelle blanche* (1) voltigent au vent, ainsi que sa grande barbe blanche. La tête du créateur est très-belle, et l'auteur de toutes choses paraît satisfait de ce qu'il a fait en six jours. Il faut avouer qu'on le serait à moins. Mais ce qu'il y a de plus remarquable dans ce tableau, c'est le grand aspect de la composition et le charmant effet de lumière à travers les nuages et la draperie blanche que le vent gonfle comme pour former une espèce d'auréole autour de la tête du père éternel.

La *Mise au Tombeau*, par M. Cartellier, est un des meilleurs tableaux religieux du Salon. Le coloris est vigoureux, sans être noir ; le dessin est correct et nature, les groupes disposés avec art, et chaque personnage est bien dans son rôle. Le torse du Christ est très bien modelé ; la tête de la Madeleine est belle et expressive ; le groupe de la Vierge placé dans le clair obscur est plein de sentiment et complète ce drame touchant. Cette grande toile place M. Cartellier au rang de nos meilleurs peintres religieux. Le même artiste

---

(1) Est-ce de la flanelle ou de la toile ? c'est ce que nous ne saurions dire, ne sachant de quoi pouvait être faits les vêtements du père éternel avant la création, alors qu'il n'existait rien, pas même le soleil.

expose un bon portrait, c'est celui d'une jolie blonde au teint frais, aux yeux grands et doux, c'est le *Portrait de Madame Gabriel Lefebure*.

M. Amaury-Duval n'est pas précisément un coloriste, cependant il y a dans son tableau de cette année une fraîcheur, une finesse et une harmonie de ton qui séduisent. Cette *Psyché* est dessinée avec une correction, une élégance charmantes, et les draperies, les accessoires sont disposés avec un goût parfait. C'est à notre avis une des meilleures productions de M. Amaury-Duval. — Nous trouvons la même fraîcheur de coloris, la même distinction et la même harmonie dans le tableau qu'expose M. Saintin : *Le Lever*. Cette jeune fille nue est dessinée avec une finesse égale à la Psyché de M. Amaury-Duval, mais avec un modelé plus nature. Nous ne connaissons pas de qualités aussi élevées, aussi sérieuses au talent de M. Saintin, qui n'avait exposé que des tableaux de genre aux précédentes expositions.

M. Hamon n'a rien au Salon de 1867, mais son confrère, M. Aubert, dont le talent se rapproche beaucoup du sien, a exposé une charmante petite composition : *Le Déjeuner matinal*. Ce sont deux jeunes filles assises au bord de l'eau ; elles partagent leur frugal déjeuner avec un cygne qui allonge son beau col pour saisir le gâteau que l'une d'elles lui présente. Ce groupe, dans le style néo-grec, est disposé avec goût et dessiné avec cette correction qui a fait la réputation de M. Aubert — *Le Réveil de Psyché*, de M. Adolphe Weber, est aussi une gracieuse composition ; elle manque d'un peu de style, mais toutes ces jeunes figures sont jolies et distinguées.

M. Bonnat continue à reproduire les types des mendiants à Rome, pour lesquels il paraît avoir la même sympathie que M. Heilbuth professe pour les cardinaux et leurs valets. Du reste il se montre encore coloriste énergique dans sa petite toile intitulée : *Ribéra dessinant à la porte de l'Ara cœli, à Rome*, et même dans le grand portrait de la jeune et espiègle *Gaby*, dont quelques parties, telles que les mains, nous paraissent un peu trop négligées. — Dans cette même salle, nous retrouvons le *Portrait de Madame F...*, par M. Cabanel, portrait très ressemblant de physionomie et de carnation, ce dont on ne tient pas assez compte lorsqu'on juge un portrait. — Un portrait, qui a surtout attiré notre attention, c'est le *Portrait de Mademoiselle Fanny-G. Mangozzi*, peint par M. Gustave Jacquet avec une ampleur, une vigueur de pinceau qui rappellent la manière des grands maîtres de l'école française. Cette peinture est bien supérieure au petit tableau du même artiste : l'*Appel aux Armes* (XVIe siècle), où l'on remarque des têtes finement peintes, mais où les personnages sont trop les uns sur les autres, et manquent de relief.

Les tableaux de chevalet sont nombreux et traités d'une manière supérieure. Ceux de M. Fichel sont charmants de finesse d'exécution et de naturel dans les poses des personnages mis en scène. Les deux compositions de cette année en sont une nouvelle preuve ; d'un caractère différent, elles sont réussies avec le même talent. Les *Amateurs chez un Peintre* sont répandus par groupes dans l'atelier de l'artiste ; ils regardent ses tableaux, décrochent ses études, feuillettent attentivement ses cartons, ses albums, chacun selon son goût ; celui-ci est en contemplation, celui-là discute avec chaleur devant la toile qu'on critique, tandis qu'un autre est absorbé dans ses méditations. Dans l'autre tableau, un officier, porteur d'une lettre de cachet, arrête ses soldats devant une maison, à la porte de laquelle il frappe en disant : *Ouvrez, au nom du Roi !* L'allure dégagée et décidée du chef et l'air insouciant des gardes du roi au sujet de l'individu qu'ils vont conduire à la Bastille, font un heureux contraste, et ont été habilement rendus par M. Fichel.

La peinture de Mme Henriette Browne a toujours un charme de coloris qui attire et séduit, soit que l'artiste exerce son pinceau à des études grandes comme nature, soit qu'elle se borne à peindre un tableau de chevalet. Depuis son voyage en Orient. Mme Browne [1] affectionne les types et les scènes de ces contrées lointaines. Sa *Jeune fille de Rhodes* est une grande étude, largement touchée et solide ton ; le modelé des chairs est ferme et vrai. La couleur est plus coquette dans la petite toile qui représente *Une école israélite à Tanger* ; l'effet général a de l'éclat, le type du maître d'école est tout ce qu'il y a de plus juif, toutes ces petites têtes d'enfants

---

(1) Pseudonyme de madame Jules de Saulx.

sont finement peintes et de caractères variés. — Nous ne savons si M. Théodore Delamarre a habité la Chine ; mais en tout cas, c'est un pays qu'il connaît et aux mœurs duquel il nous familiarise. Tous ceux qui, comme nous, n'ont plus le temps de voyager, doivent lui en savoir gré. M. Delamarre n'est pas seulement un peintre distingué, c'est aussi un savant. Ses recherches sur les contrastes et l'harmonie des couleurs, l'ont amené à ce résultat qu'avec des tons froids, savamment disposés, il obtient un coloris chaud et harmonieux. Nous en avons une preuve dans son tableau de cette année, *Causeurs chinois*, d'un effet charmant, et dans lequel nous remarquons un progrès sensible.

Au lieu d'une grande composition commencée depuis longtemps et que nous espérions voir au Salon, M. Sellier n'y a envoyé qu'une toile de chevalet d'un effet chaud et poétique, mais où le dessin des figures est un peu vague. Ce sont les *Dernières années de Tibère dans l'île de Caprée*, sujet qui conviendrait à une toile de grande dimension. Peut-être l'artiste a-t-il voulu juger de l'effet que produirait ce projet de grande peinture avant de l'entreprendre. Avec cette composition, M. Sellier expose un grand *Portrait de Mme de M.*, au profil fin et correct, au maintien tout à fait aristocratique — M. Massé, l'un de nos portraitistes les plus distingués, expose un beau *Portrait du colonel M , en costume de la vénerie impériale*. D'une ressemblance parfaite, ce portrait est largement peint, d'un modelé vrai et d'une couleur on ne peut plus agréable. Les mêmes qualités se retrouvent dans cette toile où l'artiste a peint les frères ***, portraits pleins de physionomie. — Un portrait bien vivant aussi, c'est le *Portrait de Mme J. C.*, exposé par M. J. Cellier ; bonne couleur, chairs bien modelées, soie et fourrure bien peintes, tout, jusqu'au camée, est consciencieusement rendu.

V

HISTOIRE, GENRE ET PORTRAITS.

Rectification d'une erreur. — Discutions. — Les bons vins comparés aux bons tableaux. — Comme quoi il faut être éclectique pour être juste en matière d'art. — Comment le jury d'admission doit être tiré au sort. — Les tableaux du Louvre et ceux de l'Exposition. — Les effets de la flatterie des coteries sur MM. Courbet, Gustave Moreau, Manet et Ribot. — Peintures de MM. Giacomotti, Maillot, Legrip, Émile Lafon, Lazerges, Foulongne, Charles Lefebvre, Henner, Saintin, Hébert, Marchal, Jacquand, Rigot, Laugée, Gide, Adan, Ulmann, Robert-Fleury fils, Robert-Fleury père, Dubufe, Pérignon Chamerlat, Carbillet, Montagny, Lévy, Bouguereau, Tillier, comte, Chaplin, Dubouloz, Compte-Calix, Zamacoïs, Bichoff, Landelle, Mouchot, Achille Zo, Edouard Frère, Jundt, Dieffenbach, Tayer, Arnold Scheffer, Toulmouche, Plasson, Brilloin, Baugnier, Dansaert, Accard, Sohn, Skirmunt, Biard, Schloesser.

C'est par erreur que nous avons dit, dans notre dernier article, que la statue du *Chanteur florentin*, de M. Paul Dubois, qui avait obtenu la médaille d'honneur au Salon de

1865, n'avait, cette année, aucune récompense à l'Exposition universelle. D'après une liste que nous croyons exacte, cette figure a obtenu une médaille de *deuxième classe,* tandis que des sculptures, jugées précédemment indignes d'une médaille d'honneur, ont, cette fois, des médailles de *première classe.* Du reste, cette médaille de deuxième classe, décernée par le jury actuel à une œuvre honorée d'une médaille d'honneur au Salon de 1865, vient à l'appui de cette thèse que nous souterons : « 1° Que le même jury condamne aujourd'hui ce qu'il a récompensé hier; 2° qu'il obéit à une influence d'école ou de camaraderie. »

Une conversation que nous avons eu ces jours-ci, et qu'on nous permettra de rapporter en substance, prouvera une fois de plus combien il est difficile qu'il en soit autrement.

Nous dinions chez un de nos amis, qui se plaît à réunir quelques artistes parce qu'il a le goût des arts, et que ce goût a conduit à former un cabinet et surtout une collection très-précieuse d'armes anciennes, de faïences italiennes et françaises. La conversation roula tout naturellement sur la peinture, sur l'Exposition annuelle des Beaux-Arts, et chacun exprima son opinion avec une franchise toute d'intimité. — Pour moi, disait l'un, les tableaux de Gérôme ne sont point de la peinture. — Eh bien! reprit un autre, c'est peut-être de la peinture que celle de Paul Delaroche? — Et la couleur demi-deuil du père Ingres, est-ce de la peinture? s'écria un troisième. — Bref, autant d'artistes, autant de préférences exclusives pour la manière de peindre qui se rapproche de la sienne. — Mais vous, mon cher Auvray, quel est votre avis? nous demanda le maître de la maison. — Avant d'exprimer mon opinion, répondîmes-nous, je demanderai à M. K. ce qu'il pense du bourgogne qu'il a bu avec tant de plaisir? — C'est un vin excellent. — Vous, M. X., que dites-vous du bordeaux de notre ami? — Vin parfait, ma foi! il vaut mieux que du champagne. — Et vous, mon cher W..., comment trouvez-vous son vin du Rhin? — C'est le meilleur vin du monde. — Pardon, pardon, reprit M. Z... en vidant son verre, je lui préfère ce délicieux vin de Chypre, dont je redemande un verre. — Ainsi, Messieurs, selon vous les vins que nous venons de boire, quoique de nuances et de saveur différentes, sont tous d'excellents vins. Cependant, s'il faut en croire notre ami Marcellin, architecte de Bordeaux, il n'y a qu'un bon vin sur la terre, c'est le Bordeaux ; et si vous écoutez Dussauce, le peintre de Macon, tous les vins du monde ne sont que de la piquette, en comparaison du Bourgogne. Eh bien ! Messieurs, permettez-moi de vous dire que les jugements que vous venez de porter sur les peintures de MM. Gérôme. Delaroche et de bien d'autres, ne sont pas mieux fondés que les arrêts de nos amis Marcellin et Dussauce sur les vins de Bordeaux et de Bourgogne. Vous vous êtes récrié contre l'esprit exclusif qui, à une autre époque, avait relégué dans les greniers les toiles de Watteau, de Boucher, de Vanloo, comme indignes de figurer dans les musées ; vous avez protesté plus d'une fois contre l'esprit de parti-pris dans les refus du jury d'admission au Salon, et cependant voilà que, sans vous en douter, vous vous montrez exclusifs, tout prêts à envoyer au grenier les toiles de Gérôme, de Delaroche, etc., etc., tout prêts aussi à refuser leur admission au Salon, si par hasard la camaraderie vous portait, vous et vos amis, à être le jury d'admission. J'ai donc raison de croire que pour être équitable, il ne faut pas que le jury d'admission aux expositions soit formé d'artistes de la même école, et que le jury le plus indépendant, le plus eclectique est celui tiré au sort de la manière suivante : Placer dans une urne les noms des peintres d'histoire, de genre et de portraits, et dans une autre urne les noms des peintres de paysages, d'intérieurs et de marines, et puis tirer de la première urne les noms des deux tiers des membres devant composer le jury, et l'autre tiers de la seconde urne. De cette façon, tous les genres de peinture seraient représentés dans de sages proportions au jury d'admission et des récompenses, et la camaraderie n'y jouerait aucun rôle.

Mais enfin, reprit le maître de la maison, vous ne pouvez aimer au même degré toutes les peintures exposées ? — Non, certes ; de même que mon palais délicat distingue et savoure les bouquets si variés et si fins de vos meilleurs vins, de même mon goût exercé apprécie les diverses interprétations des beautés de la nature et admire le talent sous ses mille aspects. Faites-vous un crime à Raphaël de n'avoir pas le coloris de Rubens ? Rembrandt est-il à dédaigner, parce que sa peinture ne ressemble pas à celle de Raphaël ? Demandez-vous à Téniers des tableaux comme ceux de Véronèse ? Pourquoi nous montrer plus injustes envers les peintures exposées au Palais des Champs-Elysées, qu'envers celles placées au Musée du Louvre ? Les peintures gracieuses n'y sont-elles pas admises aussi bien que les peintures sévères, les Watteau à côté des Lesueur ? Pourquoi n'admettrions nous pas les peintures de M. Chaplin et celles de M. Bonnat ; les petits tableaux de M. Plasson et ceux de M. Millet ? Tous les maîtres anciens et modernes ont leurs défauts, tous ont aussi leurs qualités ; et ce sont ces qualités qui diffèrent tant entre elles, que nous aimons dans leurs œuvres, comme nous aimons en toutes choses ce qui est bien, ce qui est beau, ce qui est bon.

Après cette profession de foi, le lecteur doit être convaincu, s'il ne l'était déjà, que nous ne subissons l'influence d'aucune école, d'aucune camaraderie, que dans nos jugements nous nous préoccupons uniquement de la conscience à y apporter ; qu'entièrement indépendant, que dégagé de tout préjugé, nous disons sincèrement notre pensée sur toute chose, en observant toujours les convenances que l'éducation impose aux hommes bien élevés. Si quelquefois nous semblons sortir de cette réserve de langage, si nous employons un peu d'ironie, c'est que nous nous adressons à des égarés que nous désirons ramener dans la bonne voie, à l'étude de la nature, de la beauté des formes et à l'élévation de la pensée. C'est ainsi que, tandis que les flatteries de nos confrères de la presse, que les récompenses du jury grisaient MM. Gustave Moreau et Ribot, nous ne cessions de leur crier : « En vous écartant de la vérité, en enlaidissant la nature, en vous faisant pasticheurs de peintres anciens d'un ordre secondaire, vous vous perdez ; dans deux ans, on ne regardera plus vos peintures. » Nous n'avions dit que trop vrai. En effet, tous ces peintres qu'on appelle excentriques et qui ne sont pour nous que des égarés, que des victimes de ces écrivains amateurs recherchant, encourageant la bizarrerie, l'extravagance qu'ils prennent pour de l'originalité, pour de la nouveauté, tous ces prétendus peintres de l'avenir, disons-nous, sont déjà oubliés ; la plupart font défaut au Salon actuel. M. Courbet n'a rien exposé ; son excessif amour-propre, plutôt que l'esprit de spéculation, nous aimons à le croire, l'a porté à ouvrir, à côté de l'Exposition universelle et à ses frais, une exposition payante de ses peintures. Quel aveuglement! M. Gustave Moreau n'a rien exposé non plus. Nous espérons qu'éclairé par l'expérience, il cherche une meilleur voie à donner à son talent et que l'année prochaine nous ne retrouverons plus en lui un pasticheur de Montagna, mais que nous aurons à applaudir un succès *sérieux*, cette fois. Quant à M. Manet, s'il a envoyé, il aura été refusé, car il ne figure pas au catalogue. M. Ribot l'aurait été aussi probablement sans la médaille qui l'exempte de passer au jury. Sa peinture est toujours aussi noire, ses types toujours aussi hideux, aussi crapuleux, aussi mal dessinés. Pourquoi M. Ribot ne reste-t-il pas quelques instants dans la salle où se trouvent ses peintures? Il jugerait par lui-même de l'effet qu'elles produisent sur le public; il verrait que les personnes d'un goût délicat détournent la tête, que les autres passent en s'écriant : que c'est laid, et que les artistes eux-mêmes sont fatigués de ses laideurs. Que l'effet produit par son *Supplice des coins* et par sa *Tête de vieillard* soit donc un enseignement assez décisif pour engager cet artiste à tirer un meilleur parti de son talent.

Laissons cette peinture repoussante pour porter notre vue sur des types un peu plus distingués et plus sains. *Le Christ bénissant les enfants*, peint par M. Giacomotti pour l'église Saint-Étienne-du-Mont, est d'un coloris qui réjouit le regard après la triste couleur de M. Ribot. Ici, du moins, il y a vigueur et harmonie, beauté de forme et vérité de modelé. M. Giacomotti expose aussi un *Portrait de Mme la comtesse de M. C.* d'une très-jolie couleur et largement peint. — Le *Saint Jean*, de M. Maillot, est une excellente figure d'étude, d'un ton solide et d'un dessin nature. — Plus sobre d'effet, le *Saint Roch retiré dans un bois*, est une peinture de M. Legrip qui se distingue par la douceur, l'harmonie du coloris, par l'expression de la tête du saint et les soins apportés dans l'exécution des détails de cette composition.

M. Émile Lafon a peint dans un petit cadre une vaste composition, d'un style tout à fait Raphaëlesque, c'est *Jésus au milieu des docteurs*. La mise en scène est grandiose par les lignes de l'architecture et la disposition des groupes dont les figures sont peintes avec talent. — La *Madeleine voyant Jésus pour la première fois*, est encore une composition bien comprise. M. Lazerges nous montre Madeleine richement vêtue, sortant de chez elle au moment où Jésus traverse la rue. La douceur, la beauté des traits et la noblesse du maintien de Jésus produisent une telle impression sur Madeleine, qu'elle s'arrête en portant la main sur son cœur, elle est éprise de ce véritable amour qui ne s'est éteint qu'avec elle.

Les figures d'études sont nombreuses, ce qui prouve que le goût de la grande peinture, de l'étude du nu est toujours vivace en France. *Le Dernier message*, de M. Foulongne, est une étude de femme grande comme nature; la pose est simple, la tête jolie, les bras, les jambes et le torse d'un dessin élégant et cependant d'un modelé nature; la couleur est vraie et les reflets de lumière sur le torse sont d'un effet charmant. Cette toile a été achetée par S. A. I. Madame la princesse Mathilde qui aime à encourager tous les genres de talent. Déjà S. A. I. a fait l'acquisition de deux autres tableaux dont nous avons fait l'éloge : la *Psyché*, de M. Amaury-Duval, l'une des perles du Salon, et l'*Appel aux armes*, de M. Jacquet, peinture d'un tout autre caractère.

M. Charles Lefebvre a fait de son étude de femme une gracieuse composition mythologique, il en a fait *La nymphe Aréthuse* poursuivie par le fleuve Alphée, et implorant Diane, qui l'enveloppe d'un nuage et la change en fontaine. Ce sujet traité avec goût, avec sentiment est peint avec talent. — Interprétée avec moins d'esprit, *Byblis changée en source* est restée une figure d'étude malgré le titre que M. Henner a donné à son tableau, lequel du reste se recommande par des nus d'un modelé large et nature, et par une couleur plus vraie que puissante. — Autant le pinceau de M. Saintin s'est montré frais dans son tableau *le Lever*, mentionné au précédent chapitre, autant sa couleur est sévère dans cette autre toile : *Michellina*, sévérité parfaitement en harmonie avec cette figure expressive sur laquelle se lisent la méchanceté, l'envie, la haine, la vengeance. Cette peinture d'un sentiment si vrai, si énergiquement exprimé, a été achetée aussi par la princesse Mathilde.

M. Hébert est arrivé à la puissance de coloris que nous

désirions lui voir acquérir. Il faut avoir, depuis dix ans, suivi pas à pas cet artiste, lui avoir fait une guerre incessante, mais bienveillante, lui avoir dit franchement la vérité sur ses défauts et ses qualités ; il faudrait surtout, pour se rendre compte du changement radical de sa manière actuelle, il faudrait, disons-nous, placer côte à côte le portrait de la princesse Clotilde exposé en 1861 et la tête d'étude qu'il expose cette année sous le titre de : *la Zingara*. La première est une peinture déteinte, dont tous les tons, toutes les couleurs ont coulé à la lessive ; la dernière, au contraire, est d'un ton chaud, solide, d'une touche ferme sans dureté, d'un dessin arrêté sans sécheresse. Nous n'avons pas la sottise de croire que ce sont nos critiques qui ont amené l'artiste à modifier sa manière ; mais en relisant nos articles publiés de 1857 jusqu'à nos jours, nous sommes heureux de voir que nos vœux se sont réalisés, et nous applaudissons aux progrès faits par M. Hébert, que nous avons toujours considéré comme un de nos peintres les plus distingués. Appelé à la direction de l'École de France, à Rome, il saura, nous n'en doutons pas, y donner une nouvelle impulsion aux études des jeunes pensionnaires que l'État y envoie chaque année.

M. Marchal semble chercher une voie nouvelle. L'année dernière, il s'était demandé si en ne mettant en scène qu'un seul personnage dans son tableau, il parviendrait à intéresser : il y a parfaitement réussi. Son tableau *le Printemps*, acheté par la princesse Mathilde, est l'œuvre la plus complète qu'il ait produite. Cette année, non-seulement il a voulu simplifier encore son sujet, mais il a aussi agrandi son cadre ; au lieu d'une figure grande comme la main, il a peint un enfant grand comme nature, *Kathérina*, jolie petite fille alsacienne, à la carnation fraîche, aux cheveux blonds et frisés. Elle est adossée à une chaise, tenant d'une main son joujou, et de l'autre une branche de saule, en fixant sur nous le regard enfantin de ses beaux yeux bleus. Malgré le mérite d'exécution de cette étude, elle intéresse moins que les précédentes compositions de M. Marchal.

Le pinceau de M Claudius Jacquand a toujours de la verve. Ce peintre nous représente *Galilée avant son abjuration*, au moment où un inquisiteur vient le trouver dans sa prison et lui lire les termes dans lesquels il aurait à faire son abjuration s'il voulait échapper au bûcher. Galilée l'écoute ; mais son idée fixe marche toujours, et il se dit mentalement : « Condamnez ! absolvez ! la terre n'en tournera pas moins... » Sa décision n'est pas encore prise ; on voit sur ses traits qu'il hésite entre le désir de vivre et la volonté de soutenir le mouvement de la terre. Cette scène est clairement traitée ; les têtes et les mains sont bien peintes. — *La Communion de saint Benoît* est une grande toile de M. Rigot, destinée à l'une des chapelles de l'église Saint Étienne-du-Mont. Le caractère sévère des religieux, la touche large et la vigueur de cette peinture, forment un ensemble d'un excellent aspect et dont l'effet grandira encore à la place que ce tableau doit occuper. — D'un coloris plus brillant, le tableau de M. Laugée : *Saint-Louis servant les pauvres*, est aussi une composition dont la mise en scène est disposée avec art et les figures savamment peintes. — Voici quelques petits tableaux du même genre, mais avec un intérêt de mœurs locales, sur une toile, d'un coloris et d'un effet charmants, où l'air circule au milieu de nombreux personnages, M. Gide a retracé avec le talent qu'on lui connaît : la *Visite de S. S. le Pape dans un couvent*. — M. Adan a peint avec exactitude et talent *Les Vêpres à la chapelle Sixtine*, et *Une prédication dans l'église de la* Bona della Verita, *à Rome*. — Dans son tableau, l'Ora del Pianta *à Piperno* (marais Pontins), M. Ulmann nous représente une jeune femme ou une jeune fille exposée après sa mort dans la chapelle, et le mari ou le fiancé agenouillé près de ce corps chéri, entouré de la vieille mère et des parents également en prière. Toutes ces petites figures sont bien groupées, bien dessinées et d'une excellente couleur. — Si l'année dernière M. Robert-Fleury fils abordait avec succès la grande peinture, il se montre cette fois avec non moins de mérite dans un tableau de chevalet. *Les vieilles de la place Navone à Santa-Maria-della-Pace* sont des types saisis sur nature ; la couleur est solide et harmonieuse.

M. Robert-Fleury fils nous amène à parler de son père et de quelques beaux portraits qu'il nous reste à mentionner. M. Robert-Fleury, de l'Institut, revenu de Rome où il était directeur de l'École de France, expose deux portraits dans lesquels on retrouve les qualités du maître : le *Portrait de M. le comte Henri Greffulhe* et le *Portrait de M. le docteur Desmarres*. — Quoique d'une manière de peindre toute différente que celle de M. Robert-Fleury, les portraits exposés par M. Édouard Dubufe n'en sont pas moins des portraits très-beaux, très-ressemblants, très-vivants. Celui de Mme R. est d'une couleur charmante, et le *Portrait de M. Gounod*, représenté à son bureau, près de son piano, est frappant de ressemblance, il semble qu'il va parler. Un de nos confrères de la presse reproche à M. Dubufe d'être descendu jusqu'à peindre le canif et la cire à cacheter du bureau de l'auteur de *Mireille*. Voilà une grave critique à laquelle l'artiste sera bien sensible! — Le coloris de M. Pérignon se rapproche beaucoup de celui de M. Dubufe, il a des tons flatteurs qui séduisent l'œil. Son *Portrait de Madame la baronne de P**** est sous ce rapport une véritable séduction; l'harmonie de l'effet vient ici s'allier à la beauté des traits, à un petit air mutin plein d'attraction. — De la séduction revenons à la réalité avec M. Chamerlat, un jeune peintre, qui fait de grands progrès ; sa couleur a acquis de la vigueur sans dureté, sans sécheresse. Le modelé de son *Portrait de Madame L**** est très nature ; la main qui tient l'ombrelle est surtout bien peinte. Mais nous préférons pourtant l'ensemble du *Portrait de Madame C****, la pose est simple, gracieuse, le bras en raccourci bien dessiné, les étoffes largement traitées. — Le *Portrait d'artiste*, de M. Carbillet, est traité à la manière des anciens maîtres, solidité et richesse de tons, sans l'exagération des pasticheurs, qui croient ne faire jamais assez noir ou assez mordoré. — Nous voici devant une peinture d'un de nos confrères sculpteur. Les lecteurs de *la Revue artistique* savent pendant combien d'années nous avons demandé que les sculpteurs exemptés du jury ne le soient plus lorsqu'ils se présentent comme peintres ou comme architectes, attendu que quelques-uns profitaient de cette faveur pour exposer des peintures affreuses et des plans extravagants, aussi étrangers à l'architecture qu'à la peinture quoique exécutés à *l'huile*. L'œuvre de M. Montagny, qui est hors concours comme sculpteur, a donc subi l'examen du jury qui l'a acceptée, et c'était justice, car il y a dans ce *Portrait de Madame M****

une science de palette, un coloris de la vieille école, qui portent à croire que l'auteur pourrait être peintre aussi distingué qu'il est sculpteur de talent.

M. Emile Lévy est le peintre de l'idylle. Celle qu'il expose cette année sous ce titre : le Vertige, est digne des précédentes. Deux jeunes amoureux suivent le sentier escarpé d'une montagne rocheuse, taillée à pic au-dessus d'un précipice. La jeune fille, saisie de vertige, se serre contre son jeune conducteur au type résolu, énergique. — L'Age d'or, de M. Bouguereau, a les qualités d'exécution qui distinguent le talent de cet artiste comme coloriste et comme dessinateur. Mais la pose de cette jeune mère et celle de l'enfant ne nous paraissent ni naturelles ni commodes. Nous préférons son Portrait de Madame la vicomtesse de C***, dont la tête et le bras sont très-remarquables de modelé et de couleur. — M. Tillier est un coloriste comme nous les aimons ; sa couleur a de la chaleur, de la transparence ; rien de lourd, rien d'épais ; c'est le sang qui circule sous l'épiderme, c'est la lumière avec ses rayons dorés et ses mille reflets. L'année dernière, nous reprochions à ses figures des défauts d'ensemble qui n'existent plus dans le tableau qu'il expose : Achille et Thétis. Il a raison de se préoccuper aussi sérieusement du dessin que de la couleur. — Henri III pendant l'assassinat du duc de Guise, de M. Comte, est une peinture soignée dans les moindres détails ; mais nous croyons qu'il a exagéré l'expression du roi en lui donnant le teint livide et verdâtre d'un cadavre. La maigreur du corps n'est pas moins exagérée. Nous préférons, sous tous les rapports, le second tableau du même peintre : Un Corps de garde au dix-septième siècle. L'expression et le mouvement du soldat qui se détire et bâille sont admirablement rendus ; c'est à faire bâiller rien qu'en le regardant. Le modelé n'a pas la sécheresse qu'on rencontre quelquefois dans certains tableaux de M. Comte, et le coloris des chairs est plus sanguin, plus vrai que nous ne l'avions encore remarqué chez cet artiste. — M. Chaplin ne vise pas à faire vrai : son but est d'être vraisemblable et de séduire par la fraîcheur, la suavité de sa couleur. Des deux tableaux qu'il a exposés, celui dont le sujet est tiré de l'Art d'aimer, d'Ovide, nous paraît bien mieux réussi que la toile intitulée les Perruches.

— Depuis quelques années, M. Dubouloz n'envoie au Salon, pour y faire acte de présence, que de toutes petites toiles; mais, dans ces modestes cadres, l'observateur y retrouve la touche large et le style du peintre d'histoire; c'est ce qu'atteste, cette année encore, sa petite composition des *Petits frileux*.

Il faudrait écrire tout un volume pour rendre compte des nombreux et charmants tableaux de genre qui figurent au Salon de 1867. Malheureusement, il nous faut absolument finir ce chapitre, déjà bien étendu. Nous nous arrêterons donc pour terminer où le hasard attirera notre attention, en regrettant toutefois de ne pouvoir citer toutes les toiles de genre qui méritent de l'être.

M. Compte-Calix expose deux très jolis tableaux. La *Lectrice* est une gracieuse composition, une scène d'intérieur, où nous voyons, dans le salon opulent d'une famille de protestants, sans doute, une jeune fille, qui lit à haute voix dans un in-folio, qui doit être la Bible. Tout le monde écoute, tandis qu'un jeune homme, frappé de la beauté de la jeune fille, en trace les traits sur son album. La scène du second tableau est plus simple, plus naturelle, plus saisissante pour quiconque connaît la vie du château. Le *Facteur rural*, ce personnage, toujours attendu avec impatience, non seulement pour les lettres et les journaux qu'il apporte, mais surtout pour tout ce qu'il raconte. Aussi, est-il le bien venu de la ferme et du château; on l'accueille cordialement, on lui offre un verre de vin, toujours accepté, et on le fait jaser. C'est là ce qu'à représenté M. Compte-Calix. Le facteur est entré dans la cuisine du château, où l'attendaient de jeunes et jolies espiègles, qui se sont emparé de la correspondance et des journaux, en l'accablant de questions, et riant malicieusement des histoires que leur débite le brave homme, en avalant le vin que lui verse madame Biennourie, le cordon bleu de la maison. Tous ces types sont heureusement choisis, et la couleur nous paraît plus vraie que dans les dernières peintures de cet artiste.

Le coloris de M. Zamacoïs est moins séduisant, mais il a plus de vigueur et plus de fermeté de touche. Rien de plus amusant, de plus original, que le tableau que cet artiste expose sous ce titre : *Bouffons au quinzième siècle*. Où diable

M. Zamacoïs a-t-il été chercher cette collection de nains plus laids et plus contrefaits les uns que les autres? Ces *Fous spirituels*, richement vêtus, attendent leurs maîtres dans l'antichambre, où les uns jouent, et les autres se chauffent en faisant assaut de bouffonnerie. C'est un tableau qu'on peut regarder pendant des heures, tant ces personnages sont drôles et amusants, tant dans cette toile, tout est vrai et bien peint. S. A. I. Mme la princesse Mathilde en a fait l'acquisition. Voici une autre peinture, achetée par S. A. I., qui prouve l'indépendance de son goût dans les arts ; ce qui est bien, ce qui a un mérite original lui plaît et elle l'achète, sans jamais céder à une recommandation à une importunité ; elle n'est l'esclave d'aucune école, d'aucune manière de voir ; elle favorise le progrès dans toutes les œuvres de l'intelligence humaine. Si le tableau que la princesse a acheté à M. Zamacoïs ne ressemble pas à la Psychée de M. Amaury-Duval, l'achat qu'elle fait à M. Bischoff, est une peinture qui n'a pas plus de rapport avec celle de M. Foulongne, qu'elle a acquise. Toutes ces œuvres se recommandent par des qualités, et les gens qui prétendent que toutes les peintures modernes se ressemblent, n'ont qu'à visiter les salons de la princesse Mathilde, ils verront toutes peintures d'un faire différent. La facture de M. Bischoff ne sera pas la moins originale de cette galerie ; son tableau intitulé : le *Jour de la Pentecôte* (dans la Frise), est d'une grande puissance de ton ; ce rayon de soleil, qui donne sur le livre et le costume pittoresque de cette jeune fille qui lit la Bible, est d'un effet on ne peut plus vigoureux.

C'est encore un effet de lumière bien rendu que ce rayon de soleil qui vient éclairer la cellule de ces *Talebs* (*savants israélites*) *transcrivant les lois de Moïse pour les synagogues, au Maroc*. Le pinceau de M. Landelle nous donne la preuve que les savants ne sont pas plus riches au Maroc qu'ailleurs. Les figures sont peintes avec le beau talent de ce peintre qui nous prépare une série de sujets arabes, à son retour d'un voyage qu'il a entrepris dans ces contrées. — Encore deux bonnes peintures que ces deux sujets arabes de M. Mouchot : les *Pèlerins de la Mecque rentrant au Caire par la porte Metouaki*, et *Arabes sortant de la Mosquée*. — Mais quelle puissance de couleur, quel vigoureux effet de lumière dans la peinture de M. Achille Zo ! On sent qu'on est en Espagne, en regardant son tableau : *Embuscade de* RATEROS, *route de Jaën à Grenade*. Ce sont des brigands, cachés derrière des rochers, et guettant l'arrivée d'une diligence qu'on aperçoit au loin. Les figures et toutes les parties du paysage sont largement peintes et bien dessinées. Du reste, M. Achille Zo nous a prouvé plus d'une fois qu'il peignait avec facilité la figure, le paysage et l'intérieur.

Nous croyons qu'il n'y a pas de pays qui compte autant que la France, de famille où le talent est héréditaire, soit dans les arts, soit dans les lettres. A l'occasion de cette Exposition, nous vous avons déjà cité les Robert-Fleury, les Meissonnier, les Giraud, les Bellangé, les Lazerges, les Klagman, etc., etc. Voici M. Edouard Frère, père de M. Charles Frère, et frère de M. Théodore Frère, dont nous avons parlé au chapitre précédent. Les scènes que peint M. Edouard Frère sont simples et familières, les types, les mouvements sont d'une vérité si réelle et si heureusement rendue que tout le monde en est frappé et s'arrête aux tableaux de cet artiste Des deux tableaux qu'il a au Salon, *le Marchand d'images* et *le Doigt coupé*, ce dernier est surtout d'un sentiment charmant. Il représente un jeune enfant qui tend sa petite main à sa sœur, pour que celle-ci lui enveloppe d'un linge la coupure qu'il s'est fait au doigt. — Comme ce mouvement plein de naïveté est bien rendu dans le tableau de M. Jundt, *Parrain et Marraine !* Avec quelle attention, quelle précaution gauche, ce montagnard porte cet enfant qu'on lui a mis sur les bras pour descendre ce sentier escarpé de la montagne ! et sa commère qui se retourne pour l'embarrasser encore de ses recommandations ! Le même artiste a un second tableau qu'on ne peut regarder sans rire. Il est intitulé : *Après Sadowa*. Ce sont de braves paysans qui, ayant aperçu un casque prussien dans la paille de leur grange, arrivent armés de bâtons, de fourches, de faux, et n'osent approcher de l'endroit où se trouve ce fameux casque, dans la crainte de se trouver en face d'un Prussien.

La *Mauvaise rencontre* est encore une spirituelle composition. Une petite calèche, attelée de quatre chèvres et dans laquelle sont assis les deux enfants de quelque petit duc allemand, rencontre en sortant du château un troupeau dont les boucs se ruent avec furie sur le pauvre attelage, culbutant les chèvres, bousculant le petit groom qui perd son chapeau dans la bagarre, tandis que la vieille gouvernante se sauve éperdue, en levant les bras au ciel et en poussant des cris lamentables. Ce tableau, d'une couleur agréable, est de M. Dieffenbach, né en Allemagne, mais élève de maîtres français, comme beaucoup de ses compatriotes et comme la plupart des artistes belges. *L'Accord des Fiançailles* est aussi une charmante toile du même peintre. — Le tableau de M. Trayer, *la Réunion du Mouton blanc en* 1666, est également une jolie composition, où l'artiste nous montre les grands écrivains du siècle de Louis XIV attablés et écoutant la lecture de la nouvelle pièce de Molière, *le Misanthrope*. Les personnages sont ressemblants, bien groupés; la couleur a de la fraîcheur. — M. Arnold Scheffer. le fils de Henri et le neveu d'Ary Scheffer, continue ses progrès dans la peinture de genre et promet d'y acquérir une célébrité digne du nom qu'il porte. Sous ce titre : *l'Horoscope*, le jeune artiste a peint une vieille nécromancienne prédisant l'avenir d'un enfant que lui présente un jeune et noble couple. La scène est bien rendue, la jeune mère est jolie, le père écoute la sibylle avec une anxiété bien comprise. La couleur est bonne, mais nous voudrions un peu plus de fermeté et d'étude dans le modelé.

Nous l'avons dit, il faudrait tout un volume pour apprécier comme ils le méritent les délicieux tableaux de genre du Salon de 1867 ; il faudrait surtout nous répéter sur les qualités des toiles gracieuses de ces artistes que, dans son étude sur le Salon de 1866, notre collègue, M. Paul Tillier, a désignés avec raison sous ce titre : *les Peintres spirituels*. En effet, toujours même esprit, même finesse de pinceau, même charme de coloris qu'aux précédents Salons, dans *le Lilas blanc*, et *l'Attente*, de M. Toulmouche, — *l'Enfant malade* et *Une Lecture*, de M. Plasson, — *La Gazette*, de M. Brilloin, — *le Premier trouble du Cœur*, et *la Prière de la Mariée*, de M. Baugniet, — *une Partie de Dames*, de M. Dansaert, — *la Lecture*, et *la Toilette*, de M. Accard.

Citons encore *la Consultation*, de M. Guillaume Sohn, — *un Membre du Conseil des Dix visitant le domicile d'une famille vénitienne*, de M. Skirmunt, — *les Canotières en contravention*, de M. Biard, — *un Tribunal*, et *la Leçon de Chant*, de M. Schlœsser, encore un peintre allemand, élève de M. Couture.

VI

PAYSAGES, ANIMAUX, INTÉRIEURS, MARINES, FLEURS ET NATURES MORTES.

MM. Corot, Millet, Anastasi, Lanoue, de Curzon, Tournemine, Guillaumet, Laurens, Sebron, Saal, Springer, Thierrée, Justin Ouvrié, Lapito, Bernier, De Cook, Emile Breton, Cibot, Legrip, Lecointe, Verdier, Faller, Madame Peyrol, née Julliette Bonheur, MM. Shenck, Brendel, Jacque, d'Haussy, Auteroche, Charles Giraud, Navlet, Servin, Eugène Bellangé, Sibre, Ziem, Wield, Morel-Fatio, Le Poittevin, Gustave Colin, Philippe Rousseau, Monginot, Constantin, Lazerges fils, Maisiat, Kreyder, Madame Escallier.

Les paysages ne sont ni moins nombreux ni moins remarquables que les tableaux de genre au Salon de 1867, et nous n'avons qu'un regret, c'est que le peu de durée de l'Exposition nous prive de consacrer plus de temps à l'examen de ce genre de peinture, dans lequel la France occupe encore le premier rang. Malgré l'Exposition universelle, tous les paysagistes en renom exposent au palais des Champs-Élysées. L'un d'eux, M. Corot, a deux manières, l'une qui est toute de convention, et que nous avons toujours combattue, l'autre, qui est l'imitation de la nature, et à laquelle nous ne pouvons qu'applaudir, en souhaitant voir M. Corot renoncer pour toujours à son système de peinture voilée, couverte de petits points blancs et jaunes, comme des taches de moisissure. Sa *Vue de Marisselle près Beauvais*, voilà une bonne étude, une excellente peinture à laquelle il devrait se tenir au lieu de sacrifier au goût douteux et fantaisiste de quelques flatteurs. Cette toile nous rappelle les belles peintures que nous avons vues chez un amateur distingué, M. Legentil, à Arras, et dans lesquelles le talent de cet artiste s'est révélé à nous sous un jour nouveau.

Un autre peintre dont nous avons toujours combattu l'hérésie, M. Millet, expose un paysage auquel nous n'avons que des éloges à donner. Il a pour titre *l'Hiver*. C'est un vaste champ de terre labourée, par un temps brumeux, et où l'on n'aperçoit que quelques corbeaux voltigeant çà et là. Ce tableau, d'une très grande vérité de détails et d'aspect, impressionne profondément. Si cet artiste avait le bon esprit de ne faire que des paysages arides comme celui-ci, sans personnages, sans animaux, sans arbres, qu'il réussit mal, pour nous servir d'une expression polie, il aurait un succès incontesté. Mais il en est des systèmes, des faux principes, comme des préjugés ; il est impossible de s'en débarrasser quand une fois ils sont enracinés en nous, et notre confrère M. Edmond About, aura sans doute plus d'une fois encore l'occasion de s'écrier devant la peinture de M. Millet : « Mais qu'est-ce que les paysans lui ont fait pour qu'il les maltraite ainsi. » (1)

L'Italie est le pays dont M. Anastasi aime à reproduire les sites pittoresques et le beau ciel. *Le Colisée, vu de l'ancien palais des César, au versant est du Palatin*, est un des plus jolis et des meilleurs tableaux du Salon, l'un des mieux réussis de cet artiste. Son coloris a la chaleur, l'harmonie de Claude Lorrain ; les premiers plans sont vigoureux et les fonds d'une grande finesse de ton. Le point de vue est heureusement choisi ; les lignes sont grandes et imposantes. — M. Lanoue va aussi chercher ses inspirations en Italie. Du

---

(1) *Petit Journal*, Salon de 1864.

reste, la puissance de sa couleur convient à la richesse de ton et de lumière de cette contrée. Sa *Vue prise dans l'Ile de Capri* atteste une fois encore à quel point cet artiste est devenu coloriste. — Un peintre qui consacre encore son talent aux sujets et au sol de l'Italie, c'est M. de Curson. La couleur de son paysage, intitulé *Solitude*, n'a pas la solidité ni la vérité de ton des tableaux que nous venons de citer, mais elle est agréable et harmonieuse. Nous aimons aussi sa seconde toile : *Dominicains ornant de Peintures leur Chapelle*; c'est une très jolie peinture.

L'Orient n'est pas moins en faveur chez nos paysagistes; plusieurs ont fait leur spécialité de la reproduction de ces contrées lointaines. L'un d'eux, M. Berchère, expose deux vues de l'Égypte d'un caractère tout à fait opposé. L'un réjouit l'œil par la gaîté de son coloris, c'est le *Retour du Marché pendant les basses eaux du Nil*; l'autre, d'un ton sévère, impressionne péniblement par l'aridité du pays et la triste scène qu'il retrace; ce sont les *Funérailles au Désert*. — La couleur de M. Tournemine a un éclat, une coquetterie qui charment le regard. Dans l'un, il nous montre une plaine immense, en partie inondée, toute peuplée de flamants et d'ibis. *Un Troupeau d'Éléphants, en s'avançant, fait envoler à son approche des quantités d'Oiseaux aux brillantes couleurs*. Le coloris du second tableau n'est ni moins riche ni moins séduisant. Dans le fond se détachent en silhouette de lointains rivages, tandis que le tronc creux d'un *Jacaranda* arraché du sol par un débordement du fleuve est échoué sur la plage. Ses crevasses sont remplies de sable et de terreau dont s'accommodent à merveille les plantes qui enlacent ses flancs. *De beaux Flamants roses, s'abattent près du rivage, au milieu de cette végétation luxuriante, et des Familles de Perroquets peuplent ce tronc enguirlandé, en faisant retentir de leurs cris ces magnifiques et incomparables régions*. — Les deux toiles exposées par M. Guillaumet ont aussi beaucoup d'éclat, surtout *Aïn Kerma (source du figuier), à la Smala de Tiaret, en Algérie*. Le rayon de soleil qui passe à travers le feuillage du figuier est d'un effet charmant de couleur. Quand au *Village nomade du Sahara*, en Algérie, c'est une peinture largement touchée, qui nous initie à la vie intime des arabes, à leurs travaux et à leurs usages. — *L'Hiver en Perse*, de M. Jules Laurens, est un effet de neige bien réussi, d'un aspect bien différent des temps neigeux du nord de l'Europe.

M. Hippolyte Sebron n'est pas spécialiste. Depuis que nous suivons les Expositions, nous l'avons vu traiter tous les genres : la peinture à l'huile, l'aquarelle, le pastel et même la peinture décorative, car il a collaboré pendant dix ans au Diorama de Daguerre; il est l'auteur de cette Vue intérieure de l'Église St-Étienne-du-Mont qui a eu un si grand succès, et dont Daguerre a voulu se réserver tout l'honneur, ce qui a amené une rupture entre les deux artistes. Doué d'une très-grande facilité, M. Sebron a montré à nos Salons des portraits, des paysages, des intérieures exécutés avec talent, et l'on pourrait dire qu'il n'y a pas un point de l'univers que cet artiste n'ait visité, et où son talent ne se soit exercé. Il a étudié tous les pays, l'heureux mortel ! Il a exposé des Vues des contrées les plus belles, les plus pittoresques de la France, de la Hollande, de l'Allemagne, de la Russie, de l'Italie, de l'Espagne, de l'Asie, de l'Afrique et de l'Amérique, enfin, en passant en revue ses précédentes Expositions, on fait un voyage autour du Monde. Cette année, M Sebron expose une *Vue générale du Temple d'Edfou, près du Nil* (Haute-Égypte), paysage aux lignes imposantes, aux tons chauds, aux effets vigoureux. Avec cette jolie toile, cet artiste en a une autre beaucoup plus grande, qui nous montre S S. *Pie IX, officiant le jour de Saint-Pierre, sous le baldaquin de la grande basilique de Rome.* C'est la première peinture qui nous donne une juste idée de cette solennité religieuse et des dimensions colossales de l'édifice. C'est qu'ici, l'artiste a trouvé son élément favori dans l'architecture et la perspective qu'il traite de main de maître. Pas d'effet cherché, exagéré ; la lumière et l'air circulent abondamment ; tout est à son plan et concours à l'harmonie du coloris.

Nous quittons l'Orient et l'Italie pour passer en Allemagne avec M. Saal, qui expose deux tableaux très remarquables. La *Chasse aux Rennes dans les hautes Montagnes de la Norwége* est un effet de neige admirablement réussi ; nous croyons qu'il est difficile de faire mieux. La seconde toile, qui a pour titre : *A la Fontaine; site de la Forêt-*

Noire, est une composition toute poétique comme une légende allemande. Une jeune paysanne qui vient à la fontaine y trouve son amant, dont elle écoute les doux propos à l'abri des rayons mystérieux de la lune qui traversent discrètement la brume du soir, toujours épaisse dans ces contrées humides. Ces deux sujets sont traités avec un égal talent.

M. Justin Ouvrié, un des maîtres de l'école française, a tout naturellement ses *singes,* c'est-à-dire ses imitateurs, qui le copient non-seulement dans son coloris, mais jusque dans la touche de son pinceau. Nous en citerons deux exemples au Salon actuel : la MAISON AUX TÊTES, *à Amsterdam,* de M. Springer, et la *Vue de Crotoy, prise de Saint-Valéry-sur-Somme,* par M. Thierrée, que tout le monde prendrait, au premier aspect, pour des copies très bien faites de tableaux de M. Justin Ouvrié. Mais l'œil exercé du connaisseur ne s'y trompe pas; il y a des finesses et une harmonie qu'on ne peut trouver que dans l'œuvre originale de M. Justin Ouvrié. Le *Château de Mont-Orgueil* (sans doute l'habitation de M. Victor Hugo), *île de Jersey,* et *Etretat,* sont deux peintures d'une délicatesse et d'une solidité de tons que les imitateurs de ce peintre ne sauraient réunir.

La France n'a jamais été mieux appréciée des paysagistes que depuis que les voies de communication, tellement multipliées sur tous les points de l'empire, mettent les voyages à la portée de toutes les bourses. Les peintres trouvent dans les départements du Nord les vastes plaines et le ciel brumeux de la Belgique, de la Hollande et de l'Allemagne; dans la Provence, le beau ciel et les coteaux dorés de l'Italie; en Bretagne et en Normandie, une végétation de pâturage que l'Angleterre nous envie, et au centre de la France, aux environs de Paris, des sites riants qu'on ne rencontre dans aucun autre pays. Voilà pourquoi beaucoup d'artistes se plaisent à reproduire les aspects si variés de notre belle patrie. Le coloris chaud, brillant de M. Lapito l'a entraîné naturellement vers le Midi. Sa *Vue du lac d'Annecy* est très vigoureuse, et sa vue des *Environs de Chalais (Charente); soleil couchant,* est d'un effet charmant. — Les deux paysages de M. Bernier : *Landes,* près de *Bannalec (Bretagne)*, et *Abord de Ferme en Bretagne*, sont peints avec une fermeté, une solidité et une puissance qui placent ces tableaux parmi les meilleurs du Salon. — Les *Trembles*, et la *Cour de Ferme*, de M. De Cock, sont aussi très largement peints — L'*Effet de Lune*, de M. Emile Breton, est une hardiesse, un effet vrai peut-être ; mais nous préférons son autre tableau : *Une Chaumière;* le soleil couchant est bien rendu, tout y est étudié.

M. Cibot, que nous retrouverons comme peintre d'histoire, expose deux charmants paysages : *La Sablière, aux environs de Rambouillet*, et une *Vue prise à Rochefort (Seine-et-Oise)*. Ces deux toiles sont largement touchées à la manière des peintres d'histoire ; elles ont surtout la couleur locale et une grande finesse de ton. — Encore un peintre d'histoire qui réussit bien le paysage, M. Legrip, dont nous avons parlé au chapitre V. Cet artiste aime les bords de la Seine, il en suit le cours, et, chaque année, il expose un des sites qui l'ont séduit. Sa *Vue prise au bord de la Seine* se distingue par la vérité du coloris, la légèreté des lointains et surtout par les reflets et la transparence de l'eau. Les femmes qui blanchissent leur linge au bord du fleuve sont d'une main habituée à peindre la figure. — Voici maintenant un paysagiste, M. Charles Lecointe, qui fait l'intérieur comme un spécialiste, ce qui prouve qu'un peintre de talent peut aborder tous les genres et s'y distinguer. Le plus grand des tableaux que cet artiste expose est *un Marais*, d'un coloris charmant d'harmonie et de finesse de ton ; peu de paysagistes possèdent à un plus haut degré cette gamme harmonieuse des couleurs. Quant à l'autre tableau, c'est un petit bijou ; il représente *le Cabinet de M. G****, ou château de la Tuyolle que nous avons visité l'an dernier et dont nous avons entretenu les lecteurs de la *Revue artistique*. Ce cabinet, qui est orné d'une quantité d'objets d'art et de curiosité, est reproduit avec une extrême fidélité ; aussi l'avons-nous reconnu de suite ainsi que M. D***, que l'artiste a peint à son bureau, examinant sans doute quelques gravures de sa riche collection. — Citons encore deux paysages consciencieusement étudiés : *Une Matinée d'automne, en Sologne*, par M. Verdier, et *un Coin de l'ancien parc d'Orsay*, par M. Faller.

M. Auguste Bonheur, qui occupe aujourd'hui le premier

rang parmi les peintres d'animaux, n'a rien envoyé au Salon de 1867, auquel néanmoins les membres de cette famille d'artistes ne font pas défaut, puisque la sœur de Mlle Rosa Bonheur, Mme Peyrol, née Juliette Bonheur, expose un excellent tableau : *Moutons sur la lisière de la Forêt*, peinture qui atteste de grands progrès et promet un artiste de premier ordre. — Le mouton est du reste la spécialité de plus d'un artiste de talent, tels que MM. Schench et Brendel. Le *Troupeau pris dans une tourmente de neige au passage de la Croix-Morand, en Auvergne*, de M. Schench, est une scène dramatique bien rendue, bien peinte; la laine de ces pauvres bêtes est surtout d'une vérité parfaite. — D'une exécution moins soignée, l'*Entrée de la Bergerie*, de M. Brendel, est aussi très-vraie. C'est bien ainsi que les moutons se pressent à s'écraser pour franchir le seuil de la porte d'une bergerie. — La *Pastorale*, de M. Jacque, est une bonne peinture, une composition d'un sentiment tout poétique; paysages et animaux sont d'un coloris vigoureux, mais on sent que M. Jacque est plus paysagiste que peintre d'animaux. — C'est le contraire chez M. d'Haussy, qui montre toutes les qualités pour arriver au premier rang des peintres d'animaux : puissance de couleur, science anatomique, exécution consciencieuse. C'est ce que nous avons remarqué dans son *Taureau normand* et dans son second tableau : *Moutons, souvenir des Vosges*. Ces animaux sont groupés avec art dans un paysage peint d'après nature. — La vie des champs est familière à M. Auteroche, et l'on s'en aperçoit au sentiment sincère, consciencieux avec lequel il rend les animaux. Le seul tableau qu'il expose : le *Lait d'Anesse*, est une composition d'une simplicité vraie et d'une charmante couleur.

Nous avons déjà signalé, au chapitre III, un tableau de M. Charles Giraud, une scène pittoresque où Bretons et Bretonnes vident à qui mieux mieux des pots de cidre pour célébrer gaiement le *Pardon de saint Mathi u*. Voici du même artiste une seconde toile, un intérieur, genre dans lequel il excelle : c'est la vue intérieure d'*une Salle de l'hôtel de Cluny*, la plus riche de ce musée d'antiquités et de curiosités. Le défaut de ce genre de peinture, c'est d'avoir trop souvent la roideur et la sécheresse des dessins d'architecte.

M. Charles Giraud a toujours su éviter la sécheresse du tireligne, sans sacrifier jamais ni la pureté des lignes ni la finesse et la richesse des détails. Et Dieu sait s'il y en a des détails dans cette salle où se trouve la fameuse ceinture de sûreté conjugale, inventée sans doute par quelque noble seigneur avant son départ pour les croisades. Tous les mille objets d'art exposés dans cette salle et reproduits sur le tableau sont bien rendus et maintenus cependant à leur plan, de manière à ne pas nuire à l'harmonie de l'effet général. C'était une grande difficulté que le talent de M. Charles Giraud a surmontée.

M. Navlet est un peintre d'intérieurs justement estimé. Quoique d'un coloris plus froid que celui de M. Ch. Giraud, ses deux tableaux sont exécutés avec un talent réel, surtout l'*Intérieur de la Chambre de la Signature, au Vatican*, que nous trouvons d'un effet plus harmonieux que la seconde toile de cet artiste : *La Salle des Antiques, au Louvre*. — Mais voici *Une Forge au repos, à Villiers*, peinte avec une vigueur peu commune ; tout est dans la pénombre, et tous ces outils en désordre sont aussi visibles que s'ils étaient en pleine lumière ; pas un coin obscur dans cette obscurité, pas de partie noire empâtée et sacrifiée dans ce tableau exposé par M. Servin. Cet artiste montre la même vigueur dans son paysage : *Le Chemin des Prés, à Villiers*. — M. Eugène Bellangé expose une petite toile qu'il intitule : *Un dernier souvenir !* C'est un coin de l'atelier de son père ; on y aperçoit encore sur le chevalet la dernière page du célèbre artiste : *La garde meurt*, qui a si vivement impressionné au Salon de 1866. Avec cet intérieur, œuvre d'un sentiment tout filial, M. Eug. Bellangé a aussi un sujet militaire : *Un soir de bataille*, où se révèlent des qualités qui font espérer que le fils continuera la réputation du père. — Encore *Un Intérieur d'atelier*, dans lequel nous croyons reconnaître M. Victor Giraud occupé à peindre dans l'atelier de son père. Cette jolie petite toile est de M Sibre.

M. Ziem nous paraît tourner à l'exagération des effets de couleur qui ont fait sa réputation, ainsi que cela arrive à presque tous les artistes au déclin de leur apogée, et entre autres à M. Gudin, le célèbre peintre de marine du gouvernement de juillet. Le BUCENTAURE, *paré pour la cérémonie du mariage du Doge avec la mer Adriatique* (1422), est d'un éclat impossible ; c'est un véritable feu d'artifice. Nous préférons, du même maître, CARMAGNOLA, *accusé de haute trahison par les Vénitiens et décapité sous le lion de Saint-Marc* (1422). — Mais à ces deux toiles nous préférons encore celle de M. Wild : *Souvenir du golfe de Naples*. Le coloris est riche sans exagération ; la mise en scène a de la grandeur, et les personnages sont groupés avec art. — Si le coloris de M. Morel-Fatio a moins d'éclat que celui des deux artistes précédents, il a le mérite d'être plus vrai, qualité précieuse dans les arts. Ainsi, dans le seul tableau qu'il expose : *Prise d'un pirate par les embarcations d'un bâtiment de guerre*, la mer est une vraie mer, et l'action est présentée naturellement sans rien de théâtral. — La mer houleuse du tableau de M. Le Poittevin, *Sauvetage d'épaves*, est aussi très-vraie ; c'est, du reste, un état des eaux qui convient au talent de cet artiste et qu'il sait rendre à merveille. M. Le Poittevin n'est pas seulement un maître parmi nos peintres de marines, c'est aussi un peintre d'esprit. Sous ce titre : *Trop et trop peu*, l'artiste nous montre un moine, gras et dodu, revenant les poches pleines, chargé de comestibles de toute espèce, et rencontrant deux jeunes enfants, à peine vêtus, qu'il gronde parce qu'ils ramassent un peu de bois mort pour réchauffer leurs vieux parents. Cette moralité est heureusement rendue et d'une couleur charmante. — Citons encore une peinture très-consciencieuse de M. Gustave Colin : *La barre de la Bidassoa par un gros temps ; Marins de Fontarabie allant au secours d'une goëlette en danger*.

Nous voici en présence de l'un des chefs-d'œuvre que renferme le Salon de 1866, de la seule des peintures exposées qui mérite peut-être ce titre. Nous voulons parler de la grande toile de M. Philippe Rousseau : *Chardin et ses modèles*, œuvre supérieure à celles du maître, dont cette composition honore la mémoire. Au centre du tableau se trouve un pastel, c'est le portrait de Chardin, entouré de poteries, d'instruments de musique et des mille objets qui servaient à ce peintre pour les sujets de ses peintures. Tout cela est disposé avec un goût parfait, rendu avec la vérité d'un trompe-l'œil et peint avec une puissance de couleur dont Chardin lui-même serait jaloux. — Le grand panneau décoratif, *Cygne, Paon et Chevreuil*, de M. Monginot, est aussi d'une couleur vigoureuse, mais il est peint à la manière des décorateurs. — M. Constantin vise moins à l'effet dans son tableau : *Gibier;* peinture plus consciencieusement étudiée. — M. Lazerges fils débute à nos expositions par une *Nature morte*, qui se recommande par la vérité du modelé et par une solidité de ton qui promettent un peintre distingué.

Terminons ce chapitre en citant quelques tableaux de fleurs qui ont attiré notre attention. *Le bord du chemin sur un coteau* et *Un Bouquet de roses moussues*, de M. Maisiat, sont deux jolies peintures, d'une grande finesse de ton. — Les deux tableaux de Mme Eléonore Escallier, *Un Vase de fleurs* et *Un Coin de jardin*, sont d'une exécution très soignée et d'une charmante couleur. — Enfin, le tableau de M. Kreyder, *Un Rosier en automne*, rappelle la finesse et la fraîcheur du coloris des peintures de Saint-Jean.

VII

DESSINS, AQUARELLES, PASTELS, MINIATURES, ÉMAUX, PORCELAINES, FAIENCES, CARTONS DE VITRAUX

MM. Bida, Gustave Doré, Eugène Girand, Paul Flandrin, de Rudder, Allongé, Ransonnette, Galimard, Cibot, Armand-Dumaresq, Vibert, Eugène Lami, Tourny, S. A. I. Madame la Princesse Mathilde, MM. Pollet, Sebron, Martin, Harpignies, Mme la baronne de Rothschild, MM. Mercier, Soulès, Ponson, Galbrund, Huas, Saintin, Chatillon, Brochart, Claudius Popelin, Michel Bouquet, Mmes Herblin, Delphine de Cool, Mlle Alice Peignot.

Malgré les envois faits à l'Exposition universelle du Champ-de Mars, les dessins, aquarelles, pastels, etc., exposés au Salon de 1867, sont très-remarquables et plus nombreux qu'aux années précédentes; ils occupent cinq à six salles du Palais des Champs-Élysées.

Parmi les dessins proprement dits, ceux de M. Bida, *Hérodiade* et *les Vierges folles*, se distinguent par le style biblique de la composition, la correction du dessin et la science du modelé. Le fini extrême des dessins de ce maître leur donne l'aspect de véritables gravures. — Moins correct, M. Gustave Doré vise plutôt à l'effet, et ce moyen lui suffit souvent pour charmer ou émouvoir. Témoin son dessin de cette année : *La retraite de* 1812, sujet traité bien des fois par nos grands artistes, et pour lequel cependant il a su trouver des effets nouveaux et très dramatiques. — Le *Portrait de Madame Marie Laurent*, rôle de la VOLEUSE D'ENFANTS, que M Eugène Giraud a traité avec cette verve, cet esprit, cette vigueur de crayon qui font de ses dessins de vraies peintures, est la continuation d'une intéressante série de portraits dont quelques-uns ont déjà été exposés, entre autres ceux de MM. Ménier, Lacressonnière et Alexandre, dans leurs rôles du *Courrier de Lyon*. — D'autres portraits sont remarquables aussi par la délicatesse du crayon, la finesse du modelé. Tels sont : *Le portrait de M. Fréd. M.* et *le portrait de Madame Fréd. M.*, par M. Paul Flandrin ; — *le portrait d'un jeune homme*, par M. Sellier ; — *le portrait du jeune André M.*, dessin au trois crayons, par M. de Rudder, qui a encore un très joli dessin à la sanguine : *la Muse*.

Les grands paysages au fusain, de M. Allongé, sont toujours ravissants, et personne, a notre avis, ne les réussit mieux que lui. Cependant cet artiste n'a encore obtenu aucune récompense !... Ses deux dessins : *Rochers de Penmarck* (Finistère), et *Une saulée inondée* (Créteil), sont d'un effet charmant et on ne peut plus vrai ; l'eau a une transparence, les lointains une légèreté qu'on ne retrouve que dans les fusains de M. Allongé. — Citons encore un paysage bien étudié : *la vue prise au bord de la Marne, près Champigny*, par M. Ransonnette. On retrouve le graveur dans la fermeté du crayon et la finesse des détails de ce dessin.

Parmi les cartons exposés, citons *Saint Laurent soutenu par les Anges*, composition d'un style en harmonie avec le chœur de l'église Saint-Laurent, pour la décoration duquel ce carton a été commandé à M Galimard, par M. le préfet de la Seine ; — *Saint Gilles guérissant un pauvre en le revêtant de son manteau*, carton de l'une des peintures exécutées par M. Cibot, à l'église Saint-Gilles-Saint-Leu. Les deux figures sont d'un sentiment simple et vrai qui convient à un tel sujet. Cette composition rappelle à notre souvenir une grande peinture du même artiste, que nous avions vue à l'une de nos Expositions et que nous avons retrouvée dernièrement au Musée Napoléon III, à Amiens. Cette toile représente *la Charité* dans ses différentes applications.

Les aquarelles sont, comme toujours, en majorité à l'exposition des dessins; ce genre charmant est surtout appliqué aux paysages, aux sujets familliers traités un peu en croquis, comme la *Charge de cuirassiers d'Eylau*, de M. Armand-Dumaresq, le *Savetier ambulant* (Espagne), et le *Don Quichotte*, de M. Vibert, et les *vignettes*, de M. Eugène Lami, où la facilité se trouve unie à l'esprit. Mais bien peu d'artistes élèvent l'aquarelle jusqu'à la tête d'étude grande comme nature, ainsi que le font avec tant de succès MM. Tourny, Pollet, et S. A. I. Mme la princesse Mathilde.

Les deux grandes aquarelles que son Altesse Impériale expose cette année, sont deux études faites d'après nature : une *Tête de femme* et une *Tête d'homme* (un Turcos), toutes deux vues de face, d'un modelé très vrai et d'une grande finesse de ton. Madame la princesse Mathilde ne s'est pas contentée d'encourager les arts par les nombreuses acquisitions qu'elle fait à chaque Exposition, Son Altesse Impériale a voulu aussi prendre part à nos luttes artistiques, y acquérir un renom, et elle y est arrivée par la persévérance d'études sérieuses, secondées par son goût naturel pour les Beaux-Arts. — *Salmacis* et *Une Bacchante* sont aussi deux jolies études de M. Pollet, mais ces aquarelles ont une couleur plus séduisante que vraie.

Nous avions raison de dire, dans l'un des chapitres précédents, que M. Sebron réussissait tous les genres de peinture, car voici deux paysages qui justifient notre opinion. La *Fontaine de Selim III, près de Sainte-Sophie, à Constantinople*, et l'*Ile de Philoé, bord du Nil* (haute Egypte), sont des aquarelles d'un coloris chaud et vigoureux qui rappellent bien les qualités des tableaux exposés par cet artiste. — Les *Rochers de la Chancrasse, à Digne*, et le *Soleil couchant à Caderache* (Provence), par M. Martin, sont aussi deux jolies aquarelles aux tons chauds. — M. Harpignies n'est jamais plus vrai que lorsqu'il peint sur la toile ou sur sur le papier le paysage et le ciel du nord de la France : on sent qu'il est là dans son élément, qu'il n'a plus d'efforts à faire pour oublier la couleur locale de ces contrées, restée gravée dans sa mémoire depuis son enfance. Le *Vieux Château de Famars, près Valenciennes*, dont nous avons nous-même conservé le souvenir, est une des meilleures aquarelles de notre compatriote. — Encore une grande dame qui cultive les arts avec talent. Mme Nathaniel, baronne de Rothschild, expose une *Vue de Bogliasco golfe de Gênes*, aquarelle bien touchée, où l'eau est surtout bien rendue. Mme la baronne de Rothschild est de son époque, elle ne rougit point de faire de la peinture, et, suivant l'exemple que lui donne S. A. I. la princesse Mathilde, elle signe de son nom les œuvres qu'elle produit, au lieu d'employer un pseudonyme comme le font encore Mme de Saulx (*Henriette Browne*) et la duchesse Colonna (*Marcello*). — Les eaux sont aussi très transparentes, et l'effet général très harmonieux dans l'aquarelle que M. Charles Mercier a intitulée : *Dans les Roseaux*. Cet artiste a retrouvé le procédé de l'ancienne peinture à l'œuf; nous en dirons quelques mots prochainement. — Enfin, citons encore une très jolie aquarelle de M. Soulès, une *Vue intérieure du Salon de M. le marquis de J.*, et deux gouaches d'une grande vigueur d'aspect : *Guinguette aux environs de Toulon* et *Bord de la Mer, à Marseille*, par M. Ponson.

Le pastel est toujours en vogue; l'Exposition en contient de très jolis, entre autres celui inscrit sous ce titre : *Marie*, par M. Galbrund, qui s'est inspiré de ces vers :

« Ton enfance paisible est à ses derniers soirs ;
Un autre âge se lève avec d'autres devoirs ;
Remplis-les saintement, reste timide encore,
Humble, naïve et bonne, afin que l'on t'honore. »
(Sainte-Beuve — *Les Consolations*.)

Les traits sont fins, l'expression douce dans cette tête de jeune fille. — *Juliette et Mistigris*, par M. Huas, est un pastel plein de vigueur et de verve; Juliette est charmante de grâce et de fraîcheur; les étoffes sont traitées de main de maître. Nous aimons moins le grand *Portrait en pied de S. M. l'Impératrice*, dont la carnation manque de fraîcheur. — Nous ne ferons point ce reproche aux petits pastels de

M Saintin : le *Portrait de Mademoiselle Rosa Didier, de la Comédie-Française*, et le *Portrait de Mademoiselle Constance Quéniaux, de l'Académie impériale de Musique*, sont pleins de charme. — Le *Portrait de Mademoiselle L. C.*, et l'*Etude d'une Jeune Fille*, par M. Chatillon, sont encore deux beaux pastels. — Enfin, celui de M. Brochart, *Baya, Souvenir d'Alger*, est une belle tête arabe, éclairée par un effet de lumière heureusement rendu.

La peinture sur émail et sur faïence a fait de grands progrès depuis quelques années, grâce aux persévérants efforts, aux recherches constantes de M Michel Bouquet et de M. Claudius Popelin, qui a publié tout récemment un très savant et très intéressant volume (1) intitulé : l'*Email des Peintres*, et en tête duquel se trouve le sonnet suivant, que M. Théophile Gautier a adressé à l'auteur :

Le temps efface l'art avec un doigt trop prompt,
Et l'éternité manque à la forme divine.
Le Vinci, sous son crêpe, à peine se devine,
Et de Monna Lisa l'ombre envahit le front.

Ce que nos yeux ont vu, bien peu d'yeux le verront.
On cherche au Vatican Raphaël en ruine,
Michel-Ange s'éteint aux murs de la Sixtine ;
Comme Apelle et Xeuxis ils s'évanouiront.

Mais toi, mon Claudius, tu fixes ta pensée ;
Tel que l'ambre, une fleur, l'immarcessible émail
Contre les ans vaincus abrite ton travail.

Des reflets de l'Iris ton œuvre est nuancée ;
L'ardente transparence y luit sur le paillon,
Et chez toi l'idéal a toujours son rayon.

Notre savant peintre sur émail expose un beau *Portrait équestre de Henri de Mortemart*, d'après une peinture ancienne, et la *France*, émail plus grand que le précédent, et non moins bien réussi.

---

(1) 1 volume in-8°, 208 pages et gravures, chez Lévy, rue de Seine, 39.

Quant aux faïences exposées par M. Michel Bouquet, elles sont les plus jolies qu'il ait faites jusqu'à présent, et de ses deux paysages : *Première Heure du Jour* et *Bords de Rivière en Bretagne*, il y en a un surtout que nous préférons à cause des tons harmonieux du coloris, c'est celui dans lequel se trouvent quelques bœufs au paturage.

Citons en terminant les belles miniatures de madame Herblin, les *Portraits de M. et Madame C. L*** et leur Enfant*, et le *Portrait de Mademoiselle A. de G****; — les porcelaines peintes, d'après Rubens, par madame Delphine de Cool, et celles peintes par mademoiselle Alice Peignot ; les *Baigneuses*, d'après Boucher, et *Diane de Poitiers*, d'après Jean Goujon.

VIII

SCULPTURE ET GRAVURE EN MÉDAILLES

Critique de la critique artistique, par M. Biard. — Opinion de deux critiques sur la sculpture au Salon de 1867. — Notre réponse. — MM. Carrier-Belleuse, Carpeaux, Gumery. — Les sujets religieux et mythologiques sous le premier Empire et la Restauration. — Influence du christianisme sur l'art moderne. — MM. Jules Thomas, Allasseur, Falguère, Montagny, Chambard, Oliva, Daumas, Aizelin, Salmson, Cugnot, Schœnewerk, Frison, Le Père, Barthélemy, Robinet, Travaux, Hiolle, Bulio, Montagne, Perrey, Leroux, Mme Bertaux, MM. Du Seigneur, Taluet, Lequesne, Hébert, Bogino, Chatrousse, général Pajol, Gustave Crauk, Guillaume, Iselin, Emile Thomas, Doublemard, Francia, Mathieu-Meusnier, Bovy, Laurent, Merley, Reverchon, Mène, Santa-Coloma, Isidore Bonheur, Masson, Emile Fournier.

Nous avons eu souvent l'occasion de relever les jugements erronés ou les critiques malveillantes d'écrivains de talent, mais complétement étrangers à la pratique des Beaux-Arts et n'étant souvent que les échos complaisants de petites coteries ou de basses jalousies. Nous trouvons dans le *Glaneur poitevin*, du 15 juillet, de très judicieuses observations sur les hommes de lettres qui ne craignent pas de se prononcer sur des œuvres d'art auxquelles ils ne connaissent rien. Le lecteur nous saura gré de lui donner ici les principaux passages de cet article de M. BIARD, sur la Critique artistique :

« En vérité, dit-il, il est quelquefois bien difficile, pour l'appréciateur compétent, de garder son sérieux en face des prétentions de *certains plumigères*, persuadés que le premier venu peut bafouer, décourager un pauvre diable dont l'essai, tout médiocre qu'il est, a souvent exigé plus de talent que n'en possède, à coup sûr, la plume présomptueuse qui se permet de le juger.

» Je me suis souvent demandé, en lisant certains comptes rendus d'expositions artistiques, pourquoi ces hommes, complétement étrangers à la pratique des art, se permettaient de livrer au public des appréciations presque toujours aussi fausses que ridicules.

» On me dira que le droit de critique appartient à tout le monde. Malheureusement, l'ignorance complète des moyens pratiques de la plupart de ces critiques fait que leur prose n'offre au lecteur que des banalités souvent assaisonnées de gros sel, dans l'unique but de faire de l'esprit aux dépens de l'artiste, si, toutefois, ce n'est pas pour satisfaire une petite rancune personnelle mal dissimulée. Et puis, après tout, qu'importe à ces messieurs d'*éreinter* un homme qu'ils ne connaissent pas, si c'est pour eux l'occasion de se montrer spirituels ? Mais voyez un peu jusqu'où va la prétention de quelques-uns de ces juges : il en est un dont le nom m'échappe (du reste, beau diseur en tout genre), qui écrivait un jour, dans une revue du Salon, qu'il serait très curieux de voir des artistes prendre la plume pour émettre leurs appréciations au sujet d'œuvres d'art.

» Vraiment nous regrettons beaucoup d'être forcé de le dire à quelques-uns de ces messieurs dont la prose nous étonne ; mais nous avons la bonhomie de croire, nous qui n'avons pas, comme eux, la science infuse, que, pour apprécier *sainement, sérieusement et d'une manière profitable* à l'artiste et au public, un tableau ou une statue il est nécessaire de savoir tenir autre chose qu'une plume; il faut pouvoir dire s'il y a faute ou non, pourquoi il y a faute, analyser, disséquer l'œuvre, suivre l'artiste pas à pas dans sa pensée, lui dire ce qui est bien et ce qui est mauvais, l'encourager ou le blâmer de façon que cette critique de son œuvre lui fasse voir ce qu'il n'a pas vu, comprendre ce qu'il n'a pas compris; en un mot, le mettre à même d'éviter, à l'avenir, de retomber dans de pareilles erreurs.

» Que des artistes critiquent des œuvres d'art, c'est tout naturel, parce que leurs études spéciales les rendent seuls aptes à se prononcer d'une manière absolue; mais que des profanes, qui ignorent même jusqu'aux premiers principes du métier, viennent fièrement se poser devant des peintures ou des sculptures pour en critiquer le mérite, parler de style et de décadence de l'art, épuisant un vocabulaire de mots techniques recueillis par eux dans l'atelier d'un artiste ami, nous protestons contre ces décrets ridicules qui blessent autant l'amour-propre que le bon sens de l'artiste.

» C'est pourquoi, chers critiques, avant de vous poser aussi crânement devant nos productions artistiques, si difficiles à juger pour nous-mêmes, gens du métier, faites-nous le plaisir d'aller un peu à l'école apprendre ce que vous ignorez, et, quand nous serons sûrs que vos conseils pourront nous être utiles, nous vous reconnaîtrons comme nos pairs; mais, en attendant, trouvez bon que nous vous rappelions ces mots :

» *Ne sutor ultra crepidam.* »

Il est certain qu'avec quelques notions artistiques et un goût mieux exercés, un de nos confrères de la presse n'aurait pas écrit sur l'exposition de sculpture au Salon de 1867, les lignes suivantes : « La sculpture nous semble, cette » année, n'être pas tout à fait à la hauteur de la peinture,(1) » quand, au contraire, les peintures exposées n'ont pas été jugées dignes de la médaille d'honneur de 4,000 francs,

---

(1) Revue do Salon, par M. Fillonneau, *Moniteur des Beaux-Arts* du 3 mai.

qui n'a été accordée qu'à la sculpture. Un autre encore, s'il eut été plus éclairé, ne se serait pas non plus exprimé ainsi, en annonçant que c'était la dernière fois qu'il rendait compte des Expositions des Beaux-Arts : « Il est probable » que les sculpteurs se sont réservés pour l'Exposition » universelle du Champ-de-Mars, car les premiers d'entre » eux n'ont rien envoyé au palais des Champs Elysées ; » sauf de rares exceptions, les maîtres se sont abstenus, » et nous n'avons guère à parler que des élèves. (1) »

A entendre notre honorable confrère, ne semble-t-il pas que les maîtres n'ont rien exposé au Salon de 1867 et qu'on ne rencontre que des essais d'élèves au Palais des Champs-Élysées ? Si par *maîtres* notre confrère veut parler des membres de l'Institut, il a raison ; un seul, M. Guillaume, a exposé. Mais notre confrère, qui s'occupe des Salons depuis cinq ans, doit savoir qu'en général nos sculpteurs, membres de l'Institut, s'abstiennent de prendre part à nos expositions annuelles. Il y a longtemps que MM. Dumont, Lemaire Jouffroy, Gatteaux et Seurre n'y envoient plus ; il en est de même de MM. Cavelier et Perraud depuis leur admission à l'Institut. Ce n'est donc pas de ces illustres déserteurs de nos Salons dont veut parler notre confrère, mais des artistes de talent qui prennent part à nos luttes annuelles. Or, quant à ceux-ci, nous les retrouvons tous au catalogue du Salon de 1867, et la plupart d'entre eux n'ont jamais exposé de meilleures sculptures, aussi ne comprenons-nous pas que notre confrère n'ait vu là que des ouvrages d'élèves.

Sans parler des deux sculptures de M. Carrier-Belleuse, qui ont obtenu la médaille d'honneur, et dont nous parlerons plus loin, sont-ce donc des œuvres d'élèves que les deux belles statues de M. Gumery, que la gracieuse figure de M. Frison, que le *Saint-Denis* de M. Jules Thomas, que la *Suppliante* de M. Aizelin, que le *Jeune Martyr* de M. Falguère, que le groupe de feu M. Protheau, que le *Saint-Joseph* de M. Allasseur, que la *Fileuse* de M. Cugnot, etc. ? Et rencontre-t-on à l'Exposition universelle des bustes plus

---

(1) Les Beaux-Arts à l'Exposition universelle et aux Salons de 1863, 1864, 1865, 1866 et 1867, page 239, par M. Maxime du Camp, un vol, in-8°, chez veuve Renouard, rue de Tournon, 6.

remarquables que ceux exposés au palais des Champs-Élysées par MM. Gustave Crauk, Carpeaux, Guillaume, Iselin, Oliva, Doublemard, etc. ?

Les noms que nous venons de citer, auxquels nous pourrions en ajouter beaucoup d'autres, suffisent pour prouver que l'exposition de sculpture au Salon de 1867 n'est pas inférieure à celle des précédentes années. Le jury l'a pensé comme nous, puisqu'il a décerné une médaille d'honneur à M. Carrier-Belleuse, malgré la cabale, la même qui s'était opposée à la médaille qu'on voulait donner à M. Carpeaux pour son groupe d'Ugolin et son buste de la princesse Mathilde : « La sculpture de M. Carpeaux, a-t-on dit, est vulgaire, ses types sont laids ; son groupe n'est pas plus *Ugolin et ses Enfants* qu'une famille de chiffonniers au coin d'une borne de la rue Mouffetard; son buste de la princesse est agencée avec goût, mais les traits sont trop accentués, ils ont une expression qui nuit à la ressemblance ; encourager une telle sculpture sans style, ce serait entraîner la jeunesse dans une voie déplorable. » Nous avons entendu et combattu les mêmes observations à l'occasion de la médaille d'honneur accordées à M. Carrier-Belleuse. On ne lui reprochait pas la pauvreté des formes, mais on trouvait que son modelé était trop nature, trop vivant, on disait que c'était de la sculpture française, un retour au style renaissance qu'il serait dangereux d'encourager. « Alors, répondîmes-nous, si vous croyez à ce danger, il faut fermer le musée des sculptures de la Renaissance au Louvre; il faut aussi briser les chefs-d'œuvre du Puget, des Coustou et des autres maîtres de cette époque, à laquelle on doit cette sculpture si franche, si colorée, si vivante, si expressive, qui ne ressemble à celle des artistes d'aucun pays, et qu'on désigne partout, et avec raison, sous ce nom de *sculpture française*. N'est-ce pas en étudiant ces maîtres que la génération de 1830 est parvenue à sortir de la routine des maladroites imitations de statues grecques et romaines ? et pour s'être inspirés de ces maîtres, les œuvres de David (d'Angers), de Rude, en sont-elles moins des chefs-d'œuvre qui écrasent les pâles productions des fanatiques imitateurs de l'art ancien ?...

Un peuple n'est grand que par l'originalité de son

génie. Si les Grecs n'avaient été que les serviles copistes de l'art égyptien, ils auraient passé ignorés des artistes. Les Romains ont continué l'art grec en l'appropriant à leur tempérament; mais ce n'est qu'au génie de ses artistes de la Renaissance que l'Italie doit le rang qu'elle occupe dans les arts. La France aussi doit à l'époque de la Renaissance une partie de sa gloire artistique; mais c'est surtout sous les règnes de Louis XIV et de Louis XV que son génie s'est montré avec toute son indépendance, toute son originalité, et ce sera l'éternelle gloire de notre patrie. Faut-il donc repousser, condamner ceux qui, comme MM. Carpeaux et Carrier-Belleuse, cherchent à continuer le renom de l'école française plutôt qu'à se condamner au rôle de singes et de plagiaires des Grecs et des Romains? Le jury ne l'a pas voulu, et nous l'en félicitons; c'est un pas fait vers l'indépendance, vers la liberté, et sans liberté pas d'originalité. En récompensant de la médaille d'honneur les deux groupes en marbre de M. Carrier-Belleuse, le jury s'est montré deux fois juste · il a récompensé la main et l'esprit. »

Dans toutes les compositions de cet artiste il y a une idée, chose peu commune dans la statuaire. Le groupe intitulé : *Entre deux Amours* est une gracieuse composition représentant une jeune et charmante femme aux formes élégantes et potelées, qui allaite un bel enfant, et qui, d'un autre côté, prête l'oreille aux propos séducteurs d'un petit scélérat d'Amour; elle semble hésiter entre l'amour maternel et l'amour des sens. Les nus sont grassement modelés et les draperies largement traitées. Le second groupe de M. Carrier-Belleuse est d'un tout autre aspect, c'est *le Messie*. La Vierge est assise, et, dans un mouvement plein de noblesse, elle élève le divin enfant pour le montrer au peuple, sur lequel il étend ses petites mains pour le bénir. Le corps de ce tout jeune enfant est d'une grande finesse de modelé et la tête a déjà un caractère grave et doux tout à la fois. Quant à l'exécution de ces deux marbres, elle est digne de l'époque des Puget et des Coustou.

Lorsqu'un artiste veut faire un pendant à l'une de ses œuvres, il est rare qu'il réussisse à produire quelque chose qui ne se sente de la gêne, de la contrainte imposées à son travail. C'est ce qui est arrivé à M. Carpeaux dans le pendant qu'il a voulu donner à sa jolie statue du *Pêcheur à la coquille*. La *Jeune Fille à la coquille*, qu'il expose cette année est loin de la perfection de la première statue, qui reste jusqu'à ce jour le chef-d'œuvre de cet artiste. La tête est fine, expressive; quelques parties des nus sont modelées avec la science anatomique qui distingue le talent de M. Carpeaux, mais le mouvement paraît forcé et manquer de grâce. Heureusement le sentiment naïf, naturel du *Portrait du Prince impérial*, la finesse du dessin et du modelé de ce buste font retrouver les qualités de l'artiste, dégagé, cette fois, de toutes préoccupations et tout entier à son inspiration. La manière dont ce buste est touché nous rappelle tout à fait la belle sculpture de Jean Goujon, que M. Marville a photographiée, et qu'on désigne sous ce nom : « Portrait de la fille de Jean Goujon. »

Les *anges* destinés aux bénitiers de l'église de la Trinité sont deux des meilleures statues de M. Gumery, l'un des jeunes maîtres de l'École moderne, l'auteur du tombeau de la duchesse d'Albe, sœur de l'Impératrice Eugénie. Les sculptures de M. Gumery sont toujours d'un caractère sobre et élégant ; elles ont du style sans être des imitations de l'antique ou de la Renaissance. Cela tient à la correction du dessin, à la sagesse du mouvement et au goût exquis de l'agencement des draperies. En effet, les deux statues qui nous occupent sont gracieuses et imposantes ; les têtes sont belles, d'une expression douce et calme, les formes pures de lignes sans cesser d'être *nature*. Nous croyons que ces figures gagneront encore lorsqu'elles occuperont la place qui leur est préparée à l'église de la Trinité.

Quand on visite les vieilles églises de Paris, Saint-Méry, Saint-Sulpice et autres, qu'on y rencontre des statues de saints ou de saintes dues au ciseau d'artistes qui s'appellent Cartellier, Cortot, Pradier, Ramey, etc., statues à l'aspect païen, aux draperies mouillées et lourdes, aux formes rondes, froides imitations des statues de l'antiquité grecque, et qu'on compare ces statues de maîtres à celles d'aujourd'hui, à celles exposées cette année, on est frappé du changement, du progrès qui s'est opéré depuis trente ans, et l'on s'étonne de l'ignorance, de l'outrecuidance de ceux qui, de nos jours, osent écrire que l'art est en décadence. Chargés d'écrire sur les Beaux-Arts, ils le font comme ils feraient autre chose, sans avoir conscience de ce qu'ils disent. Ils tombent en admiration devant les dentelles, le jabot, la couverture de laine de telle ou telle statue ; ils voient des qualités là où il n'y a que des pauvretés condamnées par la statuaire, ainsi que nous le démontrerons dans notre critique des critiques de l'Exposition universelle des Beaux-Arts au Champ-de-Mars.

Sous le premier Empire et sous la Restauration les sujets chrétiens ou mythologiques étaient traités dans ce même style grec, si conforme à la mythologie du paganisme. A ce culte des sens, le christianisme a fait succéder le culte de la charité ; l'amour du prochain nous a ramené au réel, et l'art, subissant alors l'influence de la foi nouvelle, s'est fait réaliste, il est devenu plus vrai, plus expressif, plus naturel. Aujourd'hui, un artiste intelligent ne traitera pas de la même manière un fils de Niobé et un saint Sébastien. Tout en restant vrai, il se rapprochera du beau idéal de l'art grec pour le dessin de la statue du fils de Niobé, dont l'expression de douleur sera adouci, tandis que cette douleur sera plus en harmonie avec les formes plus vivantes, plus *nature* de la statue de saint Sébastien.

Cette délicatesse de goût se remarque dans le *saint Denis* en marbre exposé par M. Jules Thomas. Tout y est d'une sobriété qui donne à cette figure l'aspect austère qui lui convient, et cependant rien n'est exagéré ; la tête est calme et d'un beau caractère ; les mains sont d'un modelé très étudié, la draperie est d'un goût, d'une légèreté dont M. Jules Thomas nous avait déjà donné une idée dans sa belle statue de Virgile. — Le *Saint Joseph*, de M. Allasseur, est conçu dans le même esprit. Cette statue en pierre, destinée à l'église Saint-Étienne-du-Mont, est d'un style simple et plein de caractère ; elle est exécutée avec le talent bien connu de cet artiste. — La sculpture de M. Falguère se distingue surtout par le sentiment, c'est-à-dire par l'inspiration. Sa statue en plâtre de *Tarcinus, jeune Martyr chrétien*, portant l'Eucharistie, et mourant sous les coups des païens plutôt que de leur livrer le corps du Christ, est charmante d'expression de douleur contenue, de résignation et de foi religieuse. — M. Montagny, que nous avons déjà cité comme peintre (1), n'a exposé cette année que deux terres cuites : *Ecce ancilla domini*, statue, et la *Vierge-Mère*, statuette. Nous avons eu souvent l'occasion de le dire : M. Montagny entend bien le style religieux, et ses deux jolies terres cuites en sont une nouvelle preuve. — Nous avons deux groupes d'*Adam et Ève après le péché*, traités, l'un en marbre, l'autre en plâtre, par deux artistes de talent. Dans le groupe en marbre de M. Chambard, Adam est debout, absorbé par le remord; Ève accablée, appuyée sur l'épaule d'Adam, cache dans ses mains son visage couvert des larmes du repentir. Ce drame est bien rendu et les figures bien modelées. L'*Adam et Ève après le péché*, de M. Oliva, sont groupés avec art, de façon à ce qu'aucune des faces du groupe ne soit sacrifiée; le modelé des nus est, comme toujours, très vrai et très coloré. Mais c'est dans le *Portrait de Mme Joubert*, buste terre cuite, que nous retrouvons le modelé si vivant, si nature, qui a mérité à cet artiste le surnom de *Caffieri* moderne. — *Le Prophète Jérémie sur les ruines de Jérusalem*, de M. Daumas, est une statue colossale en plâtre d'un très grand aspect, mais elle est vue de trop près et de trop bas à l'Exposition pour être appréciée convenablement.

La mythologie et le néo-grec ont fourni plus d'une œuvre charmante au Salon de 1867. *L'Innocence et l'Amour*, groupe en marbre de feu Protheau, est une gracieuse composition, d'un dessin élégant et d'une exécution parfaite. — M. Aizelin expose aussi une jolie statue en marbre. C'est *Une Suppliante*, une jeune femme qui implore Minerve au pied d'un autel supportant une petite statue de l, déesse, un petit chef-d'œuvre de style antique. — *La Sensitive*, statue en plâtre de M. Salmson, rappelle le genre néo grec des peintures de M. Hamon. L'ensemble de cette figure est gracieux, d'un sentiment délicat, les draperies d'un goût charmant. — *La Fileuse*, statue en bronze de M. Cugnot, est de la même famille que *la Sensitive* de M. Salmson, c'est à-dire du style néo-grec. Pose simple, formes élégantes, modelé et draperie de style antique francisé. — Cette jeune femme nue, aux

---

(1) Voir *la Revue artistique*, chap. v du Salon.

formes sveltes, qui s'élance dans l'espace, en effleurant à peine la terre, c'est *l'Aurore*, statue en marbre de M. Schœnewerk, exécution hardie et modelé d'une grande finesse.— *La première impression*, statue en plâtre, est l'œuvre la mieux réussie que M. Frison ait encore produite; la grâce de la pose s'y trouve unie à la beauté des formes.

Les *Faunes* ont toujours la faveur d'inspirer nos sculpteurs; nous n'avons pas le droit de nous en plaindre, puisqu'ils ont été le sujet d'œuvres remarquables, telles que le *Faune et Bacchus*, de M. Perraud; le *Faune dansant sur son outre*, de M. Lequesne; le *Faune et Bacchus enfant*, de M. Doublemard; le *Faune à l'Amphore*, de M. Gustave Crauk; le *Faune chasseur*, de M. Le Père. Voici encore un nouveau *Faune*, un groupe en bronze de ce dernier artiste, une composition pleine de verve et de vie, dont il faut louer la science du modelé et la vérité d'expression.— Puis le *Faune jouant avec un chevreau*, groupe en plâtre, de M. Barthélemy, que nous avons vu parmi les envois de Rome de 1866; c'est une bonne figure d'étude qu'on reverra sans doute au Salon prochain, soit en marbre, soit en bronze. — Le groupe en plâtre de M. Robinet, *Faune et Bacchante*, est gracieux et plein d'entrain, le modelé est nature et puissant, qualités que l'on retrouve dans le *Portrait de Madame D****, buste en terre cuite très-vivant, très-franchement touché par le même artiste.— Le *Triomphe d'Amphitrite*, de M. Travaux, est traité un peu à la manière des peintres qui ont rendu ce sujet. Du reste, ce groupe en plâtre est composé avec goût, les nus sont d'un dessin élégant et bien modelés. — Nous revoyons avec plaisir l'*Arion*, de M. Hiolle, gracieuse composition qui figurait, il y a un an, parmi les envois de Rome exposés à l'Ecole des Beaux-Arts, et dont nous avons entretenu nos lecteurs.

Une chose nous a toujours surpris, c'est cet entraînement des artistes à traiter le sujet qui a fait le succès d'un de leurs confrères. Le contraire devait avoir lieu, car il y a là un point de comparaison qu'il serait prudent d'éviter. Que de *Pénélopes* depuis celle de M. Cavelier !... Le Salon actuel en compte encore deux : l'une de M. Taluet, l'autre de M. Bulio. Si la Pénélope de M. Cavelier est un des chefs-d'œuvre de la statuaire moderne, ce n'est pas seulement pour les qualités de son exécution, mais à cause aussi d'une délicatesse de sentiment que ses imitateurs semblent n'avoir pas comprise. La Pénélope de M. Cavelier ne dort pas, on sent à la manière dont elle est posée qu'elle cède à la fatigue contre laquelle elle a lutté, qu'elle est à peine assoupie et que dans un instant elle reprendra son travail. Tandis que la Pénélope, de M. Bulio, nonchalamment étendue sur son siége, la tête appuyée sur le dossier, paraît s'être laissé aller très-volontiers au sommeil, ce qui est contraire à l'esprit du sujet. Sans avoir ni le style, ni l'élégance de formes de la statue de M. Cavelier, cette étude fait honneur à M. Bulio; elle est largement modelée et d'un sentiment nature. — Le *Mercure s'apprêtant à trancher la tête d'Argus*, statue en plâtre de M. Montagne, rappelle un peu trop la belle statue placée dans le parterre du Luxembourg, en face de l'orangerie. — M. Perrey, dans sa statue de l'*Avare*, s'est aussi par trop souvenu de l'Ugolin de M. Carpeaux. Nous savons bien ce que nous répondra M. Perrey; mais M. Carpeaux a su grouper autour de cette figure quatre autres figures, ce qui est bien quelque chose, et il serait difficile de citer un groupe de cette importance et d'une exécution aussi remarquable, ce qui répond à bien des observations.

Oh! la belle paresseuse! serait-on disposé à s'écrier en voyant la *Somnolence*, de M. Leroux, qui s'est inspiré de *Namouna*, d'Alfred de Musset, tant le mouvement est naturel, gracieux et les nus bien modelés. — Le *Jeune Gaulois prisonnier* est une bonne figure d'étude de Madame Bertaux; la tête est d'un joli caractère, le modelé de cette statue est large et nature. Nous avons remarqué aussi de cette artiste un médaillon très bas-relief, *Portrait de Mademoiselle Marie C. D.*, qui rend bien les traits fins de la jeune et jolie espiègle. — Voici une sculpture plus mâle, une statue en bronze de *Roland furieux*, de feu Du Seigneur, étude qui excita les colères de l'Institut quand le plâtre en fut exposé il y a une trentaine d'années. C'était alors une hardiesse révoltante que l'énergie de cette figure, que ce modelé si vrai, d'une anatomie si savante; ce n'est plus aujourd'hui qu'une sculpture conforme au goût, à la manière de faire de l'école actuelle. Ainsi notre regretté confrère avait devancé de trente ans le progrès qui s'est opéré dans l'art contemporain. Il y a trente ans, il était dans le vrai comme aujourd'hui, mais il avait contre lui tout l'Institut, et cela a suffi pour briser un avenir qui eût été très-brillant.

Les statues historiques sont assez nombreuses au Salon. Celle de *Dupleix, gouverneur général des Établissements français dans l'Inde*, par M. Gruyère, est un marbre extrêmement étudié ; tout y est fini, les noirs grattés, nettoyés, enfin rien de négligé. Mais pourquoi reste-t-on froid devant cette image d'un grand capitaine ? Que manque-t-il à cette œuvre consciencieuse ? De la vie, de la couleur, de la tournure. Cette pose incertaine n'a rien de l'allure décidée, habituelle aux militaires ; cette tête n'exprime rien de l'homme accoutumé au commandement ; les bottes, les vêtements, les chairs et les accessoires, faits de la même manière et avec les mêmes soins, offrent une monotonie de couleur qui nuit à l'aspect de cette grande figure historique. Notre confrère nous paraît plus habitué à modeler des figures nues qu'à traiter le vêtement moderne. Il n'est pas le seul ; peu d'artistes réussissent avec le même talent une statue nue ou une statue en costume contemporain. — La statue de *Bernard de Palissy*, de M. Taluet, est un marbre moins rendu, mais elle a un bon et franc aspect, le maître potier vit, agit ; il intéresse, on s'y arrête, malgré quelques détails qui laissent à désirer. — La vie, le mouvement se retrouvent également dans la statue en bronze du *Docteur Laennec*, commandée à M. Lequesne pour la ville de Quimper. La pose aisée, naturelle, est en harmonie avec l'expression du geste et de la physionomie de cette tête aux traits fins et sévères. — La statue en bronze de *Vauquelin*, de M. Hébert (Pierre), a de l'aspect, de la couleur, de belles lignes ; nous regrettons seulement que le modelé de la tête soit un peu sec. — M. Bogino expose, cette année, le modèle en plâtre bronzé de la statue du *Comte Regnault de Saint-Jean-d'Angély*, qui a été inaugurée le 23 août 1863. Les proportions colossales de cette statue ne permettent pas de l'apprécier sciemment à l'Exposition, où on ne la voit ni à hauteur, ni à distance convenables. — La statue en marbre de *Portalis*, par M. Chatrousse, est également trop mal éclairée par un jour de côté pour être consciencieusement appréciée, et nous ne voulons être injuste envers personne.

M. le général comte Pajol expose un ensemble du monument que la ville de Montereau élève à Napoléon Ier, en commémoration de la victoire du 18 février 1814. Déjà, au Salon de 1863, nous avons signalé les qualités que nous remarquions dans la statue du général Pajol, son père, que nous avions connu à la suite des journées de Juillet, qu'avec Charlet nous appelions : *Journées des Dupes* (1).

Une statue équestre est une œuvre considérable pour les artistes les plus renommés, et nous devons nos compliments à M. le général Pajol, artiste amateur, pour avoir mené à bonne fin une œuvre aussi considérable, car, avec cette statue, il y a deux bas-reliefs qui ornent le piédestal, et ce n'est pas la partie la moins difficile, ni la moins bien réussie du monument. Le premier représente : Napoléon pointant un canon et disant : « Le boulet qui doit me tuer n'est pas encore fondu ; » le second, le général Pajol, à la tête de la cavalerie, descendant la côte de Surville, et culbutant, dans la Seine et dans l'Yonne, les Autrichiens et les Wurtembergeois.

Déjà, dans le cours de ce chapitre, nous avons mentionné quelques-uns des bustes et médaillons exposés par MM. Carpeaux, Oliva, Robinet et autres. Il en reste à mentionner et des meilleurs. M. Gustave Crauk n'a que deux bustes, mais ils sont des plus remarquables comme expression et comme modelé. L'un, en bronze, est le *Portrait de M. Casimir Périer*, tête aux traits sévères, accentués, énergiques; l'autre buste, au regard fin, au sourire légèrement moqueur, est frappant de ressemblance : c'est le *Portrait de M. Victor Baltard*, l'architecte de la ville de Paris, l'homme dont la position est tant enviée, et contre lequel on a cherché à nous exciter, ainsi que contre bien d'autres. On n'y est ja-

---

(1) Les bonapartistes, dont l'opposition au gouvernement de la Restauration a amené la Révolution de 1830, ont été dupes de Laffitte, qui s'est laissé duper par Louis-Philippe ; les républicains, peu nombreux alors, ont été dupés par Lafayette, dupe à son tour de Louis-Philippe, qu'il leur présenta « comme la meilleure des Républiques ; » enfin, Louis-Philippe fut toujours la dupe de la bourgeoisie qu'il flattait, à laquelle il sacrifiait tout, et qui le chassa ou le laissa chasser, le 27 février 1848.

mais parvenu, et personne n'arrivera jamais à nous faire
commettre sciemment une injustice. Nos jugements ne sont
pas infaillibles, mais ils sont toujours sincères et bienveil-
lants même dans leur sévérité. — M. Guillaume n'a aussi
exposé que deux bustes en marbre, d'une exécution consciencieuse, d'un modelé fin et nature; l'un est le *Portrait
de Madame D****; l'autre, celui de feu *Victor Le Cler*, doyen
de la Faculté des lettres, buste destiné à la bibliothèque de
la Sorbonne. — Contrairement au règlement, M. Iselin expose, pour la seconde fois, le *Buste en* MARBRE *de M. le Duc
de Morny*, qui avait déjà figuré au Salon de 1861. Voilà la
troisième fois que nous retrouvons ce buste à nos Expositions : d'abord en marbre (1861), puis en cuivre argenté
(1866), et encore une fois en marbre au Salon actuel. Le
buste est réussi, c'est vrai ; mais c'est un peu abuser de la
réussite. Pour ne pas nous répéter, nous renvoyons le lecteur aux volumes que nous avons publiés sur les Salons de
1861 et 1866. — M. Emile Thomas a exécuté en marbre un
joli *Buste de Pradier*, son maître, qui lui a été commandé
pour Versailles. Déjà cet artiste avait fait une statuette pour
laquelle Pradier avait bien voulu poser, ce qui explique la
vérité de physionomie que M. Emile Thomas a su donner à
ce buste, dont les moindres détails sont rendus avec un soin
extrême. — La sculpture de M. Doublemard est d'un modelé puissant et nature ; ses deux bustes sont vivants. Celui
en marbre est le *Portrait de M. A. T****, et l'autre en terre
cuite le *Portrait de M. Eug. Paillet*.—Citons encore un buste
plein de physionomie et de ressemblance, le *Portrait de
M. Th. de Marcol*, secrétaire des commandements de S. A. I.
madame la princesse Mathilde, exposé par M. Francia, et
un joli petit buste en marbre de *Madame Miolan-Carvalho*,
d'une exécution très soignée, ainsi que le médaillon très ressemblant aussi de feu *Vallon de Villeneuve*, par M. Mathieu-
Meusnier.

La gravure en médailles et pierres fines est bien repré-
sentée cette année. M. Bovy expose la *Médaille commémorative de la Visite de S. M. l'Impératrice et de S. A. le
Prince Impérial à la Banque de France*, et la *Médaille commémorative de l'application de l'électricité à la télégraphie ;*
— M. Laurent, la *Médaille commémorative des Visites de*

l'Empereur et de l'Impératrice, dans les hôpitaux de Paris, pendant le choléra de 1866 ; — M. Merley, la *Médaille commémorative de l'achèvement du Tribunal de Commerce*, compositions bien rendues et pleines d'intérêt. — Deux Camées coquilles, méritent une mention particulière pour la ressemblance des personnages qu'ils représentent et pour la délicatesse de l'exécution. Ce sont les *Portrait de M. le marquis de Larochejacquelein* et de *M. D. Nisard, de l'Académie française*, par M. Reverchon.

Depuis quelques années, M. Barye ne figure plus à nos Expositions. Mais M. Mène ne les a point désertées ; il y occupe toujours le premier rang parmi les sculpteurs d'animaux dont le nombre augmente chaque année. Aucun de ses imitateurs n'est encore parvenu à cette finesse de modelé, à cette science anatomique, à cette vérité de mouvement qu'on trouve dans les animaux de M. Mène, surtout dans le *Chien braque* et l'*Amazone* qu'il expose cette fois. — Les deux beaux groupes en cire, *Arriero du Pérou*, et *Cheval irlandais*, de M. Emmanuel de Santa-Coloma, sont aussi très bien modelés, très vrais de forme et de mouvement. — *Ours et Taureau*, de M. Isidore Bonheur, est un groupe plein d'énergie, un combat acharné entre ces deux puissants animaux. — La *Chasse au Tigre dans l'Inde*, de M. Masson, est aussi un groupe d'un intérêt dramatique et bien modelé. — Les animaux exposés par M. Emile Fournier sont plus pacifiques. Son *Dindon* et son *Combattant* (échassier d'Algérie) attestent des progrès réalisés depuis les dernières expositions et nous font espérer un bon sculpteur animalier de plus.

IX

ARCHITECTURE.

L'Architecture en 1824 et sous Napoléon III. — MM. Brouty, Boileau père, Baraban, Batigny, Hédin, Leblan, Calla, Douillard, Boitte, Dutert, Thierry.

Pour la généralité du public, l'architecture contemporaine n'a point fait un pas dans la voie du progrès; c'est là une erreur de gens qui ont peu vu, peu observé et peu retenu. Quand nous nous rappelons l'architecture à la première exposition que nous ayons vue à Paris, en août 1824, époque de l'avènement de Charles X, et que, dans notre souvenir, nous comparons les projets exposés alors à ceux du Salon actuel, nous ne voyons aucune analogie entre eux et nous trouvons un progrès très réel en faveur de notre époque.

En 1824, tous les projets étaient pour ainsi dire de la même famille, ils étaient tous conçus dans le même style : palais, théâtres, églises, hôtels, tout cela avait l'aspect de petits Parthénons, de petits temples de Minerve ou autres monuments de l'antiquité grecque et romaine copiés un peu trop servilement. Aujourd'hui, grâce aux études archéologiques, l'érudition de nos architectes s'est largement étendue, et tous les styles sont appliqués avec un esprit d'indépendance qui promet et qui a déjà donné d'heureux résultats. Il faut reconnaître qu'aucun règne n'a fourni au génie de nos architectes plus d'occasions de se produire que le règne de Napoléon III. Avant lui, les municipalités de Paris n'avaient pas de mairies proprement dites; les mairies, les écoles communales des douze anciens arrondissements étaient installées, tant bien que mal, dans des maisons particulières; il en était de même pour une partie de l'armée, casernée dans de vieux hôtels des plus anciens et des plus malsains quartiers de Paris qui manquait également d'églises pour sa population presque quadruplée.

Dès son avènement au trône par le suffrage universel, l'Empereur a demandé aux architectes la construction de mairies, d'églises, d'hospices, d'écoles communales, de casernes, de théâtres pour les vingt arrondissements du *Paris de Napoléon III*. Et c'est dans ces nouvelles constructions qu'il faut surtout voir l'exposition de beaucoup de nos architectes trop occupés pour envoyer des dessins au Salon. En comparant ces édifices entre eux, on verra qu'ils diffèrent essentiellement de style; que l'église Saint-Augustin du boulevard Malesherbes ne ressemble pas à l'église de la Trinité de la rue de la Chaussée-d'Antin, qui, à son tour, n'a rien de commun avec l'église Saint Ambroise du boulevard du Prince-Eugène; qu'il en est de même des casernes et des hospices qui, autrefois, avaient l aspect repoussant de véritables prisons.

Les projets exposés attestent la même indépendance et mêmes besoins sociaux : restauration des édifices anciens, constructions nouvelles d'hôtels de ville, de mairies, d'écoles, de théâtres et d'églises, en tête desquelles nous plaçons un très remarquable *Projet d'église pour Saint-Mandé*, par M. Brouty, composition simple, mais d'un beau caractère, et deux *Projets d'église*, de M. Boileau père, qui semble faire sa spécialité de ce genre d'édifices, pour lesquels, son fils et lui, s'étaient imaginés avoir inventé une architecture nouvelle. Mentionnons aussi les onze dessins du *Projet de restauration de l'église de Larchant* (Seine-et-Oise), de M. Baraban.

Voici un projet qui a un intérêt tout particulier pour nous : il s'agit de l'hôtel de ville de Valenciennes, dont il y a plus de trente ans nous avons refait gratuitement les sculptures, dix-neuf mascarons et dix sept grandes cariatides, qui nous ont demandé un an de travail. L'état des finances de la ville n'avait pu fournir à l'architecte les fonds pour ces sculptures et nous voulions conserver à ce vieux monument le caractère que nous lui connaissions depuis notre enfance. Nous n'avons pu voir, et nous le regrettons, le projet qui a été adopté par l'administrrtion municipale. Mais celui exposé par notre compatriote M. Batigny est dessiné avec le talent qu'on lui connaît ; l'artiste a resté le plus possible dans l'ancienne architecture de l'édifice, ce dont nous le félicitons. — Nous avons encore remarqué deux projets de palais municipaux bien rendus : le *Projet d'hôtel de ville pour la ville de Poix*, de M. Hédin, et le *Projet de l'hôtel ville de Tourcoing*, de M. Leblan ; puis le *Projet de reconstruction du collège de Juilly, fondé sous Louis XIII*, de M. Calla, et six dessins du projet de l'*Ecole Albert-le-Grand*, à Arcueil, de M. Douillard.

Les études archéologiques des monuments de la Grèce et de Rome ont toujours un grand intérêt pour nous. Aussi nous sommes-nous arrêté avec plaisir devant la *Vue occidentale du Parthénon*, de M. Boitte ; — l'*Etude sur l'entablement du temple du Soleil* et la *Porte d'Auguste, à Fano*, de M. Dutert ; — les *Propylées* et le *Temple de la Victoire Aptère, à Athènes*, de M. Thierry, dessinés avec conscience et touchés avec l'habileté de pinceau d'un aquarelliste.

X

GRAVURE ET LITHOGRAPHIE

MM. Veyrassat, Célestin Nanteuil, Hédouin, Bracquemond, Fayen-Perrin, Chauvel, Ponthus-Cinier, Lalanne, Potier (Hubert), Jacquemart, Desvachez, Ancelet, Leroy, Sulpis, Soudain, Girardet, La Guillermie, Flameng, Jacquet, Eichens, Jouanin, Thirion, Annedouche, Cottin, Chapon, Bertrand, Guillaume, Simon, Sirouy, Laurens, Jacott, Lemoine, Lafosse, Legrip.

Deux genres de gravures qu'on rencontrait à peine autrefoi dans nos expositions, la Gravure à l'eau forte et la Gravur sur bois, sont en faveur depuis quelques années et occupen une place importante au Salon de 1867. La mode a parfoi du bon : elle a remis en faveur la gravure à l'eau-forte pre que abandonnée. C'est ce genre de gravure qui tuera l'en gouement de la photographie dont les épreuves sont d'un courte durée, tandis que les eaux-fortes sont inaltérables Aujourd'hui tous les artistes, les peintres surtout, gravent l'eau-forte, et avec succès. Voici ceux d'entre eux dont le œuvres ont principalement attiré notre attention. MM. Vey rassat, Célestin Nanteuil, Hédouin et Bracquemond ont exposé des eaux-fortes pour une Bible, d'après les dessins de M. Bida ; — M. Fayen-Perrin, *la Baie de Kerloch*, eau-forte ; — M. Chauvel, *cerfs en Forêt*, eau-forte, et M. Ponthus-Cinier, *Forêt de Fontainebleau*, eau-forte.

M. Maxime Lalanne est devenu un de nos plus habiles graveurs à l'eau-forte ; ses *Paysages* et son *Souvenir de Bordeaux* sont hardiment touchés. — *L'Intérieur du Palais des Thermes*, à Paris, eau-forte de M. Potier (Hubert), est aussi d'un effet très vigoureux et d'une fermeté de dessin qui révèle une main exercée à la pointe du graveur. — La *Coupe en Cristal de Roche* et la *Coupe en Jaspe orientale*, gravées à l'eau-forte d'après les joyaux de la couronne, conservés au musée du Louvre, sont les mieux réussies des gravures exposées par M. Jacquemart. Les reflets et la transparence de la coupe en cristal sont bien rendus ainsi que le poli et les luisants de la coupe en jaspe. Ces gravures ont été commandées par la surintendance des Beaux-Arts pour la chalcographie du Louvre.

La surintendance des Beaux-Arts consacre chaque année des sommes assez considérables à l'encouragement de la gravure en général et particulièrement de la gravure en taille douce, la gravure la plus belle et la plus estimée. L'exposition compte quelques-unes des commandes faites par M. le surintendant pour la chalcographie du Louvre : *La Visitation*, d'après Sébastien del Piombo, par M. Desvachez ; — *Intérieur d'église*, d'après Peeter-Neef, par M. Ancelet, et deux *fac simile*, d'après un dessin de Lucas de Leyde, et d'après un dessin d'Andréa Salario, par M. Leroy.—M. le surintendant a également commandé pour les *Archives des Monuments Historiques*, à M. Sulpis : le *Château de Blois* ; à M Soudain : l'*Hôtel-de-Ville de Beaugency*.

Quelques planches méritent encore d'être mentionnées pour la finesse du burin et la bonne ordonnance des tailles : *le Laboureur et ses enfants* d'après M. Duverger, par M. Girardet ; — un *Portrait*, d'après une peinture d'Antonello de Messine, par M. La Guillermie ; — les portraits de la *Princesse Anna Murat*, de *Marie-Antoinette* et d'*Alfred de Musset*, par M. Flameng, — et *Saint Bruno en prières*, d'après Le Sueur, par M. Jacquet.

Parmi l s gravures à la manière noire, nous citerons les plus remarquables : *Et rose elle a vécu...*, d'après M. Compte Calix, par M. Eichens ; — *le Printemps*, d'après M. Schlesinger, par M. Jouanin ; — *l'Invocation de la Vierge*, d'après M. Bouguereau, par M. Thirion ; — *la Demande en mariage*, d'après M. Merle, par M. Annedouche, et *la barque du Titien*, d'après M. Hamman, par M Cottin.

L'*Histoire des Peintres*, publiée par la librairie veuve J. Renouard et le *Magasin pittoresque*, ont fait faire de grands progrès à la gravure sur bois. Nous signalerons particulièrement : *l'Ascension*, d'après le Pérugin, gravée par M. Chapon, pour l'*Histoire des peintres ;* — *le Petit Poisson et le Pêcheur*, dessin de M. G. Doré, gravé pour les *Fables de Lafontaine*, par M. Bertrand ; — *Thésée et l'Ilissus*, statues du Parthénon, gravées par M. Guillaume, et l'*Assomption de la Vierge*, d'après Pérugin, gravée pour l'*Histoire des peintres*, par M. Simon.

Les lithographies sont, cette année, moins nombreuses qu'aux précédentes Expositions. Les plus jolies que nous ayons à signaler sont : l'*Adoration des Mages*, d'après Rubens, par M. Sirouy ; — le *Cuirassier blessé*, d'après M. Devilly, par M. Laurens ; — la *Colère et l'Envie*, d'après M. Yvon, par M Jacott ; — le *Portrait de Chérubini*, d'après Ingres, par M. Lemoine ; — le *Portrait de l'Empereur*, par M. Lafosse, et trois lithographies par M. Legrip, dont nous avons déjà parlé comme peintre d'histoire et de paysage. Ces portraits sont ceux de *Claude le Lorrain*, et *Charles Errard*, destinés à l'ouvrage de M. le Marquis de Chennevières : « *Portraits inédits d'artistes Français.* »

XI

DISTRIBUTION DES RÉCOMPENSES

AUX ARTISTES EXPOSANTS DU SALON DE 1867 ET AUX ÉLÈVES
DE L'ÉCOLE IMPÉRIALE DES BEAUX-ARTS.

La distribution des récompenses accordées aux artistes à la suite de l'Exposition annuelle de 1867 au palais des Champs-Élysées, aux élèves de l'École des Beaux-Arts lauréats du grand prix de Rome, et aux autres élèves de l'École qui ont obtenu des médailles dans les concours de l'année, a eu lieu le 13 août, à une heure.

Le grand salon carré du Louvre avait été disposé pour cette solennité. L'estrade d'honneur, appuyée au grand panneau dont le centre est occupé par l'*Assomption*, de Murillo, faisait face au tableau des *Noces de Cana*, par Paul Véronèse.

S. Exc. le maréchal Vaillant, ministre de la Maison de l'Empereur et des Beaux-Arts, présidait la cérémonie. Il était accompagné de M. Alphonse Gautier, conseiller d'État, secrétaire général du ministère, et de M. Delacharme, chef de son cabinet.

Le ministre, à son arrivée au Louvre, a été reçu par M. le comte de Nieuwerkerke, sénateur, surintendant des Beaux-Arts, assisté de M. Tournois, chef de la division des Beaux-Arts; de M. Guillaume, membre de l'Institut, directeur de l'École des Beaux-Arts ; de M. le marquis de Chennevières, conservateur au musée du Louvre, chargé du service des expositions, et de MM. les inspecteurs généraux des Beaux-Arts.

MM. les membres du jury de l'Exposition, ceux du jury de l'École des Beaux-Arts, les membres du conseil supérieur et les professeurs de l'École, ainsi que les fonctionnaires supérieurs des musées impériaux et de la Maison de l'Empereur et des Beaux-Arts, se sont placés à droite et à gauche de l'estrade d'honneur.

M. le surintendant des Beaux-Arts ayant déclaré la séance ouverte, S. Exc. le maréchal Vaillant a prononcé le discours suivant :

« Messieurs,

» Préparez-vous aux grandes solennités de l'année pro-
» chaine, » vous disais-je il y a aujourd'hui un an, dans cette même enceinte, à cette même place. « Représen-
» tants de l'École française, vous vous rappellerez que le
» monde des Arts tout entier a les yeux fixés sur les œu-
» vres de cette École, et vous voudrez ajouter de nouveaux
» fleurons à sa glorieuse couronne. »

» Je ne me trompais pas en vous parlant ainsi, et je ne vous trompais pas non plus, messieurs. Les grandes solennités que je vous annonçais alors ont fait mieux que de répondre à notre attente ; elles l'ont surpassée, et depuis quatre mois il est donné à la France d'offrir à ses innombrables hôtes le plus beau, je ne crains pas de le dire, le plus merveilleux de tous les spectacles.

» Partout à la fois, dans toutes les conditions, sous toutes les formes, les Arts de tous les pays et de tous les temps auront eu cette année l'occasion et l'honneur de se faire admirer dans la capitale de notre cher pays, devenue pour un jour la capitale de l'univers.

» Tandis que les œuvres modernes, produites depuis douze ans, occupaient une si belle place dans l'Exposition du Champ-de-Mars, premier attrait de tous les voyageurs, objet principal de toutes les curiosités, le Salon de 1867 réunissait, comme d'habitude, vos derniers ouvrages dans une exposition particulière, et si, comme nous l'avions ici même envisagé ensemble et d'avance, sans illusion mais sans crainte, les travaux récents ont rencontré dans les travaux anciens une concurrence redoutable, ils n'ont pas pour cela passé inaperçus et inestimés. Bien qu'entraîné ailleurs par un courant naturel et irrésistible, le public s'est détourné avec plaisir pour vous accorder une bonne part de son intérêt et de son admiration ; et je vais à l'instant consacrer ses suffrages en proclamant le nom des vainqueurs.

» Jamais, en réalité, je n'ai constaté une moyenne de talents plus forte et plus élevée qu'au Salon de 1867 ; la comparaison seule aurait pu vous causer quelque inquiétude, et cette comparaison vous eût profité encore, car c'est vous-même qui, du Champ-de-Mars, faisiez concurrence aux Champs-Élysées.

» Loin de moi, messieurs, la pensée injuste de déprécier en rien les œuvres que de grands artistes, dont le talent n'appartient pas à la France, ont envoyées à notre concours international. Elles sont encore là pour témoigner contre ceux qui ne leur rendraient pas hommage ; mais je ne puis oublier qu'avec l'impartialité la plus honorable vos rivaux eux-mêmes ont, par leurs libres suffrages, constaté la supériorité de l'art français.

» Une vaine satisfaction d'amour-propre ne sera pas pour vous le seul résultat de ces rapprochements et de ces comparaisons avec les écoles étrangères ; vous leur devrez par-dessus tout l'heureuse occasion d'études nouvelles et d'utiles enseignements. Là où tant d'esprits frivoles n'auront vu peut-être qu'un spectacle agréable, vous, messieurs, vous avez trouvé déjà des secrets inconnus, des conseils et des exemples profitables. Au même moment, et dans un même lieu, ces musées de l'art contemporain, qu'il vous eût été difficile d'aller visiter tour à tour, à grands frais et à de grandes distances, se sont réunis près de vous comme pour votre instruction.

» Ainsi, messieurs, vous êtes environnés d'exemples qui vous arrivent à la fois de l'étranger comme de la France, de vos émules comme de vos maîtres, des anciens comme des modernes, enfin des morts eux-mêmes plus encore que des vivants.

» Le nombre de ces glorieux morts, de ces conseillers de la jeunesse, s'est bien douloureusement accru pour nous cette année.

» Depuis douze ans, Brascassat avait cessé d'exposer ses tableaux ; mais personne n'avait oublié l'auteur du *Combat de Taureaux*. Sa réputation était fondée sur la connaissance profonde de la structure, du geste et des mœurs de nos animaux domestiques ; il les aimait et les avait observés avec une telle passion, qu'il semble avoir réussi parfois à pénétrer et à rendre les mystérieuses lueurs qui couvent dans les limbes de leur intelligence. Ses dessins comme ses tableaux sont eux-mêmes des œuvres d'art achevées, et leur grand nombre suffirait à légitimer aux yeux de la postérité le renom de cet excellent artiste dans un genre qu'il avait singulièrement élevé et ennobli.

» Je ne dirai jamais qu'il y a des deuils plus cruels les uns que les autres, et je le dirai moins encore au moment où je viens avec vous déplorer la perte d'un véritable artiste, que j'ai personnellement connu et aimé ; mais quand l'art français a perdu son doyen, comment ne pas déplorer amèrement la mort de celui qui fut et qui restera l'une des plus grandes, l'une des plus pures gloires de l'école moderne ?

» Je ne vous redirai pas la vie si féconde de M. Ingres, cette longue existence, si gravement, si noblement employée ! Vous la connaissez tous, et vous l'avez méditée. Vous avez admiré, à l'égal des productions de son pinceau, la foi sublime qu'il avait en son art, cette foi d'un autre âge qui le soutint, plein de confiance et de sérénité, à travers les épreuves aussi rudes que prolongées de la première moitié de sa carrière. Quelle leçon pour la jeunesse si impatiente de nos jours ! Les trente années qui séparent ses débuts de son entrée à l'Institut se passent pour Ingres dans une obscurité complète, et déjà cependant il avait créé la plupart de ces chefs-d'œuvre qui ont rallié depuis toutes les admirations. Tout à coup la lumière de son génie dissipe les ténèbres, perce cette nuit désespérante pour l'artiste qui avait en lui la conscience de sa supériorité; toutes les caresses de la fortune l'enveloppent aussitôt; tous les succès se lèvent, pour ainsi dire, sous ses pas; tous les honneurs que d'autres poursuivent vont d'eux-mêmes au-devant de lui; les plus flatteuses distinctions le recherchent et, par une faveur exceptionnelle, par une auguste préférence, l'une des plus hautes dignités de l'Empire l'attend au Sénat! Mais cette âme fortement trempée n'en est point amollie. Dans sa puissante volonté, le maître continue sa tâche jusqu'à son dernier jour, et il meurt en contemplation devant l'idéal de beauté qu'il avait conçu dans l'atelier de David, renouvelé dans son culte pour Raphaël, poursuivi lui-même et réalisé dans ses œuvres immortelles.

» Ces belles œuvres, disséminées peut-être pour toujours, nous les avons revues naguère, rassemblées une dernière fois par des mains fidèles. Dans un moment consacré à tant d'expositions diverses, elles aussi, messieurs, ont tenu leurs assises publiques et en sont sorties à leur gloire, mieux connues et plus admirées.

» Jeunes élèves de l'École des Beaux-Arts, la vie d'un pareil maître est un enseignement pour vous, comme ses ouvrages sont vos modèles. Les aïeux s'en vont, mais ils ne nous quittent pas sans avoir légué leurs secrets et leurs exemples à ceux qui furent jadis leurs enfants et qui sont maintenant vos pères. Si j'avais le tort de l'oublier, mais je ne l'oublie pas, vous me rappelleriez à ce propos qu'hier encore votre cher directeur, que je suis heureux de voir ici près de moi, obtenait de la justice de ses rivaux une de ces grandes médailles dont la France est fière d'avoir mérité la meilleure part. Ainsi se renoue incessamment la chaîne glorieuse par laquelle le présent rattache l'avenir au passé.

» Ami et protecteur des Arts, l'Empereur regrette avec nous ceux qui ont terminé leur tâche: il sourit avec bienveillance à ceux qui commencent la leur, et son intérêt, sa sympathie, ses encouragements sont assurés à tous ceux qui, travaillant avec ardeur, sont devenus ce que vous deviendrez un jour par les mêmes efforts, des hommes de talent. A ceux-là, messieurs, je rappelle en finissant que c'est bientôt, que c'est en 1869, que sera décerné pour la première fois le grand prix que l'Empereur a voulu accorder sur sa liste civile, à la plus belle œuvre produite dans un espace de cinq années. Un but nouveau vous est donc offert, une voie nouvelle s'ouvre devant vous; les concours succèdent aux expositions, et nul de vous ne manquera, j'espère, au rendez-vous des artistes français donné par le Souverain de la France. »

Les acclamations de l'assistance ont, à plusieurs reprises, interrompu ce discours et témoigné du vif intérêt qu'elle prenait aux paroles du ministre, constatant l'éclat et la supériorité de nos diverses expositions en cette année mémorable, rendant hommage à la mémoire des artistes illustres dont les Arts portent le deuil récent, faisant appel enfin à toutes les énergies, en prévision du prochain concours ouvert pour le grand prix de 100,000 fr. de l'Empereur.

Après le discours de S. Exc. le maréchal Vaillant, M. Guillaume, directeur des Beaux-Arts, a pris la parole en ces termes :

« Monsieur le Maréchal,

» En venant vous entrenir de l'École des Beaux-Arts, je n'ai point à redouter que mon sujet soit indifférent ou qu'il semble aujourd'hui trop modeste. Cette institution, si bien assurée de votre bienveillance, est chère à tous les artistes qui se pressent ici, parce que la plupart d'entre eux lui doivent leurs premières études ; son développement et sa prospérité intéressent l'honneur de notre pays. Les points de comparaison fournis par l'Exposition universelle et les nouveaux concours que l'avenir peut nous réserver, donnent une grande importance à tout ce qui tient à l'éducation, et nulle circonstance n'est plus convenable pour en parler que cette réunion de famille qui fixe notre attention sur notre art national et rassemble autour de vous avec nos élèves ses plus honorables représentants.

» Il faut le dire, monsieur le maréchal, les idées sur lesquelles repose l'enseignement des Beaux-Arts, ont de plus en plus besoin d'être rationellement établies ; et jamais il n'a été plus nécessaire de les ordonner et d'en tirer des applications rigoureuses. Car s'il existe chez les gens du monde un préjugé qui les porte à reléguer tout ce qui touche à l'art dans le domaine de l'agrément et à méconnaître sa dignité; si l'appât des travaux lucratifs, les recherches de la manière ou des procédés égarent quelques vocations en déplaçant le but auquel elles devraient aspirer, nous rencontrons un danger pressant dans les doctrines qui, pour l'éducation même, tendent à tout rapporter au sentiment, qui érigent en principe l'indépendance absolue de l'individu, dénient aux chefs d'œuvre leur caractère universel, et qui tendent directement à détruire l'autorité de l'enseignement et de la critique.

» Ce sera toujours la mission de toute éducation véritable de maintenir l'idée d'une tradition : réclamer les droits de toutes nos facultés sera toujours le devoir de ceux qui professent que l'intelligence est un faisceau indissoluble. Bien que reconnaissant dans l'art la haute valeur de l'individualité, ils ne cesseront de dire que l'intervention de la raison est nécessaire pour soumettre les conceptions de l'imagination aux lois d'ordre et d'harmonie qui fixent les œuvres et les font durer. Sans craindre de compromettre l'originalité des élèves, ils s'efforceront de mettre sous leurs yeux les productions dans lesquelles le consentement de tous les temps reconnaît l'expression la plus parfaite du génie humain. Toujours enfin l'État, soucieux de la justice et de sa propre gloire, s'intéressera à cette tâche, lui donnera par son initiative et son intervention soutenue un caractère public, et proclamera par là cette grande vérité que l'idée du beau est un élément constitutif de l'intelligence, un besoin pour la Société, et que c'est un devoir de ménager à l'art, au milieu des autres institutions, une place, un développement régulier, des encouragements désintéressés.

» L'École impériale des Beaux-Arts est appelée à entretenir et à transmettre le fonds de connaissances impersonnelles, d'idées générales, de pratiques indispensables sans lesquelles l'expression ferait défaut à la pensée. Ces moyens de communication sont nécessaires, et ils le sont aux plus grands génies, qui doivent au moins savoir notre langue pour se faire comprendre et nous élever jusqu'à eux. Comment ne pas le reconnaître ; c'est à des sciences que l'art emprunte la raison et la loi des formes qu'il emploie ; ce sont des sciences et des sciences certaines, l'anatomie, la perspective, la construction, l'histoire, qui mettent au service des esprits les plus originaux tous ces moyens d'exécution et de contrôle, qu'on ne possède jamais assez pleinement, sans lesquels, il n'y a pas de maîtres dignes de ce nom.

» Les principes que je résume sont communs à tous ceux qui se livrent à l'enseignement. Unis dans ces convictions, assemblés dans de nombreuses séances pendant lesquelles M. le surintendant des Beaux-Arts n'a cessé d'encourager les vues et de faciliter les solutions, les professeurs de l'École ont travaillé à dresser les programmes, à les enchaîner étroitement, à en tirer des conséquences dictées par une longue expérience.

» Il m'est interdit de parler d'une œuvre soumise en ce moment à votre libérale appréciation, monsieur le maréchal ; il me suffira de dire que les propositions qui vous sont soumises tendent à former une organisation complète ; elles offrent un plan d'un enseignement gradué, homogène et pouvant désormais recevoir d'indispensables sanctions. Cependant des exercices particuliers seront établis pour encourager la gravure en médailles et en pierres fines et pour faire porter au cours d'archéologie tous les fruits désirables. A la suite des cours réglementaires, des hommes distingués sont venus, avec votre autorisation, continuer deux cours commencés l'an dernier, tous deux éminemment utiles : l'un sur la législation appliquée au bâtiment, l'autre d'esthétique rationnelle et pratique. Enfin, tandis que nos collections se rangent, notre éminent bibliothécaire entreprend, avec le concours empressé et loyal de l'administration, une bibliographie méthodique des Beaux-Arts qui est destinée à instruire nos élèves et à faciliter la recherche des documents originaux à tous les artistes.

» Ces tendances vers un ordre positif, ces idées de discipline sont conformes à l'esprit traditionnel de notre pays. Le juste équilibre de l'imagination avec la raison qui fait encore le succès de nos œuvres dans ces concours des nations dans lesquels notre goût semble la règle du goût universel, caractérise le génie de la France. Il a présidé à l'épanouissement de notre Ecole nationale aussi bien qu'à sa maturité; il distinguait, à l'égal des nos écrivains, ces grands artistes tous proches parents par le génie: Poussin, David, Ingres; il était le partage de leurs devanciers les plus anciens dont les noms sont à peine arrivés jusqu'à nous. Et si je devais préciser mon assertion, j'aimerais à citer comme exemples ces belles sculptures françaises du quinzième siècle, et particulièrement ces tombeaux qui ornent nos églises et nos musés. Exempts de toute influence étrangère, ces ouvrages où l'énergie s'allie déjà à la gravité et à la réserve, brillent par une exécution savante et sincère; ils ont en partage la puissance de caractère et le naturel parfait. Il règne un goût qu'on dirait attique, uni à un charme ingénu: le beau n'y apparait que comme un reflet de la vérité.

» S'élever du vrai et du certain jusqu'à l'idéal, telle est la marche tracée par l'éducation. Nos jeunes artistes, avec leur raison pénétrante et droite, sont propre à saisir la logique de ce principe. La jeunesse, qu'on se plaît à calomnier aujourd'hui, n'est point corrompue: elle demande à être éclairée, elle a seulement besoin d'être soutenue. Ne nous étonnons pas de la voir inquiète, ne nous plaignons pas de la voir prendre parti. Dans ses hésitations comme dans ses actes il y a toujours quelque chose de généreux. Si elle aspire à l'indépendance, elle est profodément portée au respect. Elle appaudit aux succès nouveaux, elle dépose de pieuses couronnes sur la tombe des vieux maîtres qui nous sont ravis. Elle a toujours le sentiment réfléchi des choses morales. Naguère encore, le jour des funérailles d'Ingres nos élèves émirent spontanément le vœu qu'un monument fût élevé dans l'Ecole même à la mémoire de ce grand artiste, et dès que vous les y eûtes autorisés, ils couvrirent la première liste de souscription de plus de 400 adhésions. Ils ont compris que l'école doit garder l'image de celui qui a si magnifiquement honoré leurs études par ses œuvres, la vie d'artiste par ses épreuves et par sa gloire, l'art lui-même par la hauteur et par la constance de sa noble ambition.

» Au milieu de tels exemples, monsieur le maréchal, l'enseignement maintient et développe fidèlement les traditons de l'art français; les sentiments de la génération que nous nous efforçons d'élever méritent les sympathies; ses efforts font naître l'espérance. Il semble qu'il y ait dans l'Ecole des Beaux-Arts un obstacle secret aux entraînement funestes. C'est là qu'on peut le mieux résister à l'anarchie des doctrines; c'est le devoir de tous les vrais amis de l'art de se serrer autour d'elle. La conscience de tous y est engagée, car comment se soustraire à une tâche quand elle s'inspire du respect de nos origines, des besoins du temps présent, de l'amour et de la piété dont nous devons tous environner la jeunesse? »

Ces paroles si fermes, si sages, ont été accueillies par l'auditoire avec les plus vifs témoignages de sympathie. Quant à nous, nous les avons applaudi avec joie, car, nos lecteurs le savent, il y a longtemps que nous demandons cette organisation que la parole autorisé de M. Guillaume propose d'introduire dans l'enseignement de l'école impériale des Beaux Arts.

On a procédé ensuite à la distribution des récompenses (1).

SALON DE 1867.

MÉDAILLES ACCORDÉES PAR LE JURY.

Médaille d'honneur.

M. Carrier-Belleuse (Albert Ernest), statuaire.

Médailles.

SECTION DE PEINTURE.

MM. de Balleroy (Albert), Bellay (Paul-Alphonse), Bernier (Camille), Brandon (Jacob-Emile-Edouard), Breton (Emile-Adelard), Brown (John Lewis), Chintreuil (Antoine), Clément (Félix-Auguste), De Courcy (Frédéric), De Cock (César), Favard (Antoine), Feyen-Perrin (Augustin), Giraud (Victor), Gros (Lucien), Guérin (Jean-Michel-Prosper),

---

(1) Nous renvoyons au *Moniteur* pour les médailles des élèves de l'École impériale des Beaux-Arts. Nous n'avons à nous occuper ici que des artistes récompensés au Salon de 1867.

Guillaumet (Gustave), Guillon (Adolphe-Irénée), Humbert (Ferdinand), Kreyder (Alexis), Laurens (Jules-Joseph-Augustin). Legros (Alphonse), Lévy (Henri-Léopold), Maillot (Théodore-Pierre-Nicolas), Maisiat (Joanny) Meynier (Jules-Joseph), Michel (Charles-Henri), Mouchot (Louis), Navlet (Victor), Reynaud (François), Robert Fleury (Tony), Rodriguez (Ramon), Servin (Amédée), Schreyer (Adolphe) Sohn (Guillaume), Tabar (François-Germain-Léopold), Van Marcke (Emile), Vibert (Jehan-George), Worms (Jules), Zacamoïs (Edouard).

SECTION DE SCULPTURE.

MM. Bailly (Charles-Elie), Barthélemy (Raymond) Madame Léon Bertaux, MM. Blanchard (Jules), Cugnot (Léon), Delhomme (Léon-Alexandre), Ericsson (Jean-Edouard), graveur en médailles; Falguière (Alexandre), Feugère des Forts (Vincent-Emile), Galbrünner (Paul-Charles), graveur en pierres fines; Hiolle (Ernest-Eugène), Leroux (Etienne-Frédéric), Montagne (Marius), Moulin (Hippolyte), Perrey (Léon).

SECTION D'ARCHITECTURE.

MM. Baraban (Victor-Louis), Batigny (Jules-Louis), Bourgeois (Auguste), Calla (Louis-Marie-Pierre-François), Hédin (Amédée), Rohault de Fleury (Georges).

SECTION DE GRAVURE ET DE LITHOGRAPHIE.

MM. Bargue (Charles) lithographe; Drouyn (Léo), Flameng (Léopold), Gaillard (Ferdinand), Levasseur (Jules-Gabriel), Nanteuil (Célestin), lithographe; Morse (Auguste-Achille), Thirion (Charles-Victor).

Ont été promus ou nommés dans l'ordre impérial de la Légion d'honneur :

Au grade d'officier :

M. Théodore Rousseau, peintre; chevalier depuis 1862.

Au grade de chevalier
MM.
Bonnegrace, peintre.
Sebron, peintre.
Giacomotti, peintre.
Allasseur, sculpteur.
Carrier-Belleuse, sculpteur.

Cette distribution des récompenses, qui s'est faite au bruit des applaudissements et des acclamations de l'assistance a donné lieu à des incidents qui ont prouvé une fois de plus combien M. le comte de Niewerkerke, surintendant des Beaux-Arts, aime les artistes, combien il leur est sincèrement dévoué. A la surprise de l'assemblée, M. Théodore Rousseau n'ayant pas répondu à l'appel de son nom, pour recevoir des mains du ministre la croix d'officier de la Légion d'honneur, le surintendant le chercha en vain du regard, et dit : « Je regrette l'absence de M. Théodore Rousseau, car jamais récompense ne fut mieux méritée. » Paroles qui furent accueillies par des bravos unanimes. Un autre fait de la même séance mérite d'être rapporté : A l'appel d'une médaille décernée à un élève de l'École des Beaux-Arts, M. de Niewerkerke se lève et annonce que cet élève est malade, qu'il s'est excusé par lettre. Puis voyant qu'on n'applaudissait pas comme on l'avait fait pour les autres élèves, il ajoute : « Ce n'est pas une raison pour ne point applaudir aux succès du pauvre malade. » Et il mêle ses applaudissements à ceux de toute l'assemblée. Une nature moins généreuse eût laissé passer froidement le nom de ce jeune artiste et serait resté sèchement dans son rôle de fonctionnaire.

DEUXIÈME PARTIE

LES BEAUX-ARTS A L'EXPOSITION UNIVERSELLE DE 1867

Examen comparatif

DES ŒUVRES D'ART DE TOUS LES PAYS

Suivi du compte rendu de la cérémonie de la
distribution des récompenses

Avant d'apprécier et de comparer entre elles les œuvres
d'art les plus remarquables à l'Exposition du
Champ-de-Mars, nous ne pouvons nous dispenser de
une idée précède de l'ensemble a fournie vision
des productions de l'intelligence humaine, à toutes
ques et chez tous les peuples.

C'est à la France que revient l'honneur d'avoir eu les
premières Expositions. L'idée en a été conçue par
celles de l'industrie et l'on a vu s'accroître le nombre
des Expositions universelles des œuvres de l'art, depuis
dont s'empara l'Angleterre qui réalisa l'Exposition universelle
de 1851, à Londres.

Dès l'année 1855, la France...
sitions des Beaux-Arts, en 1855, 1867...
Nous avons fondé aussi...
sont depuis longtemps...
des beaux-Arts, lorsque...
admis à concourir.

I

LE PALAIS, LE PARC ET LE JARDIN RÉSERVÉ

Avant d'apprécier et de comparer entre elles les œuvres d'art les plus remarquables à l'Exposition universelle du Champ-de-Mars, nous ne pouvons nous dispenser de donner une idée générale de l'ensemble de cette immense réunion des productions de l'intelligence humaine à toutes les époques et chez tous les peuples.

C'est à la France que revient l'honneur d'avoir créé les premières Expositions : d'abord, celles des Beaux-Arts, puis celles de l'Industrie, et d'avoir eu, la première aussi, l'idée des Expositions universelles des arts et de l'industrie, idée dont s'empara l'Angleterre, qui organisa l'Exposition universelle de 1851, à Londres.

Dès l'année 1673, la France commençait une série d'expositions des Beaux-Arts, connues sous le nom de *Salons*. Nous avons donné ailleurs l'historique de ces *Salons*, qui sont depuis longtemps de véritables expositions universelles des Beaux-Arts, puisque les artistes de tous les pays y sont admis et récompensés.

Les expositions des Beaux-Arts devaient naturellement conduire aux expositions des produits de l'industrie, rendues impossibles autrefois par le système antiprogressif des corporations. Ces barrières de l'institution des jurandes, basée sur le privilége, la Révolution les renversa, et, dès 1798, après la signature du traité de Campo-Formio, le ministre François de Neufchâteau ouvrait la première exposition industrielle au Champ-de-Mars, où l'on avait fait construire, non loin du temple de la Science et de l'Industrie, un édifice en bois, humble baraque destinée à recevoir les produits des exposants. En parcourant la liste que nous donnons ici, le lecteur se rendra un compte exact de l'augmentation progressive du nombre des exposants et du développement de l'emplacement nécessaire à ces exhibitions que le Premier Consul voulait rendre annuelles.

			Exposants.	Mètr. car.
1798.	1re exposition	au Champ de Mars,	110	
1801.	2e	— au Louvre,	220	
1802.	3e	— id.	540	
1806.	4e	— place des Invalides,	1,422	
1819.	5e	— au Louvre,	1,662	
1823.	6e	— id.	1,648	
1827.	7e	— id.	1,795	
1834.	8e	— pl. de la Concorde,	2,447	14,288
1839.	9e	— carré Marigny,	3,381	16,500
1844.	10e	— id.	3,958	19,877
1849.	11e	— id	4,650	22,291
1851.	1re	univ. à Londres,	16,000	95,000
1855.	2e	— à Paris,	20,000	152,000
1862.	3e	— à Londres,	27,629	121,000
1867.	4e	— à Paris,	42,217	46 hectares.

C'est-à-dire tout le Champ-de-Mars !

Nous connaissons des sous-préfectures et même des préfectures qui n'ont pas cette superficie.

Quand on se rappelle qu'il y a un an à peine, le Champ-de-Mars n'était qu'une plaine de sable où des armées entières venaient s'exercer, et qu'aujourd'hui ce vaste champ de sable aride se trouve métamorphosé, comme par enchantement, en un jardin délicieux, couvert de pelouses de gazon, de fleurs et d'arbres, dont de nombreux et gracieux cours d'eau, des lacs et des cascades entretiennent la fraîcheur, on comprend le ravissement des milliers d'étrangers qui viennent de tous les points de l'univers visiter l'immense palais de l'Exposition construit au milieu de ce parc, peuplé lui même des palais, des temples, des monuments les plus célèbres de l'antiquité et des temps modernes.

Il s'en fallait de beaucoup que le Champ de-Mars présentât en réalité une surface aussi plane qu'on pouvait le croire au premier abord. Il existait vers le milieu des dépressions de 1 mètre 50 cent. à 2 mètres de profondeur qui ont exigé, pour constituer la plate-forme horizontale du palais, des mouvements de terrain qui se sont élevés à des centaines de milliers de mètres cubes. Tout le sous-sol est en outre sillonné d'un réseau de galeries d'aérage et d'égoûts, indépendamment des caves voûtées, construites en béton, qui règnent sur tout le contour extérieur de l'édifice, dont elles ne sont pas une des parties les moins curieuses.

Le palais occupe une superficie de 146,000 mètres. La forme générale est celle d'une surface elliptique divisée en anneaux concentriques constituant les diverses galeries et partagée par de larges voies conduisant de l'extérieur à un jardin central, au milieu duquel un pavillon contient les poids, mesures et monnaies anciennes et modernes de tous les pays. Il serait difficile de trouver un système de classement plus intelligent, plus logique, plus clair, plus commode. Au cœur de l'Exposition : les Beaux-Arts, l'archéologie, l'histoire du travail, c'est à-dire l'histoire de la civilisation (1); puis, dans les galeries successives : l'ameublement et tout ce qui s'y rattache ; l'habillement chez tous les peuples ;

---

(1) La portion de la galerie réservée à l'Histoire du travail en France est divisée en dix parties correspondant à chacune des époques ci-dessous déterminées :

1º La Gaule avant l'emploi des métaux ;
2º La Gaule indépendante ;
3º La Gaule pendant la domination romaine ;
4e Les Francs jusqu'au sacre de Charlemagne (800) ;
5º Les Carlovingiens, du commencement du neuvième siècle à la fin du onzième ;

enfin, les machines, et extérieurement un promenoir couvert affecté à l'exposition des aliments à tous les degrés de préparation. La galerie des machines, la première en entrant, est la plus grande du palais; elle a 35 mètres de largeur sur 25 de hauteur. Elle est percée de larges et nombreuses baies qui laissent entrer à flots la lumière. Les piliers qui la supportent font saillie sur la toiture; ils sont couronnés de motifs de décoration qui varient heureusement l'aspect de l'ensemble du monument; toute cette masse métallique est revêtue de tons de peinture qui en détachent les détails, sans nuire au caractère simple et sévère de l'aspect général.

Les nations des quatre parties du monde sont représentées dans ce palais. Voici d'ailleurs la liste complète de ces nations : la France, l'Angleterre, la Belgique, les Pays-Bas, la Prusse, l'Allemagne du Sud, l'Autriche, la Suisse, l'Espagne, le Portugal, la Grèce, le Danemark, la Suède et la Norwège, la Russie, l'Italie, Rome, les Principautés danubiennes, la Turquie, l'Egypte, la Chine, le Japon, le royaume de Siam, la Perse, le Maroc, Tunis, les États-Unis, le Brésil, les Républiques américaines, le royaume d'Hawaï.

Il serait trop long d'énumérer les superficies respectives demandées et obtenues par les diverses nations. Nous nous bornerons à indiquer la place qu'occupent les trois peuples dont les produits sont les plus nombreux. Les produits français occupent dans le palais une superficie de 61,000 mètres carrés; les produits anglais 21,653 mètres, et ceux des États-Unis d'Amérique 2,900 mètres. Il faut ajouter à ces produits placés dans le palais ceux exposés dans les annexes du parc, et qui sont d'une importance considérable.

La partie du parc consacrée aux annexes françaises se trouve à gauche, par l'entrée principale faisant face au pont d'Iéna. On y trouve dispersés au milieu de bosquets : le

---

6° Le moyen âge, du commencement du douzième siècle jusqu'à Louis XI inclusivement (1100 à 1483);

7° La Renaissance, depuis Charles VIII jusqu'à Henri IV (1483 à 1610);

8° Les règnes de Louis XIII et de Louis XIV (1610 à 1715);

9° Le règne de Louis XV (1715 à 1775);

10° Le règne de Louis XVI et la Révolution (1775 à 1800).

Pavillon de l'Empereur où se trouvent exposés les diamants de la Couronne, l'Église servant d'exposition aux objets du culte, le Phare élevé au milieu d'un lac, la Blanchisserie modèle, la Boulangerie militaire, la Manutention civile et militaire, le Théâtre international, le Hangar des presses, le Générateur de MM. Lecouteux et Le Gavrian, les Appareils réfrigérants de MM. Mignon et Rouart, le Générateur de MM. Thomas et Powell, la Stéarinerie de M. Moraine jeune, le Moulin à vent de M. Lepaute, les pavillons de Photographie, de Photosculpture, de Galvanoplastie, d'Électro-métallurgie, de l'Exposition de vitraux, le Chalet de MM. Waaser, Madin et Hermann, et la Maison des Ouvriers de Paris (1).

De l'autre côté de l'entrée principale on rencontre disposés avec le même goût : le Cercle international, la Salle des Conférences, le Café-concert, le Bâtiment des Missions protestantes (Angleterre), la Caserne-hôpital (idem), les Équipements militaires et munitions de guerre (idem), les Appareils de chauffage et d'éclairage (idem), les Chaudières (idem), l'Annexe pour les machines agricoles (idem), le Palais d'été du vice-roi d'Égypte, la Mosquée turque, la Maison d'école turque, le Temple d'Edson et le plan-relief de l'Égypte, le Panorama de l'isthme de Suez, le Palais du bey de Tunis, le Musée pompéien et les Catacombes de Rome.

Dans la partie de la porte Dupleix sont des constructions d'un tout autre aspect : une Maison tyrolienne, un Isbah russe, un grand Restaurant allemand, une Maison hongroise, une Maison d'école prussienne, l'Annexe de la Bavière, l'Annexe de la Suisse, l'Annexe de l'Espagne, l'Annexe de la Suède, l'Annexe agricole de la Prusse, et le grand Restaurant des ouvriers délégués.

---

(1) Cette maison d'ouvriers est celle exposée par l'Empereur. A la modicité du prix de revient elle unit toutes les commodités désirables et les conditions requises par l'hygiène publique. Moyennant un loyer peu élevé, dont une partie serait affectée à un fonds d'amortissement, le locataire deviendrait en quelques années propriétaire de la maison ; c'est le moyen le plus sûr d'inspirer à la classe ouvrière des habitudes d'ordre et d'économie.

Dans la quatrième partie du parc sont : le pavillon de la Commission impériale et du jury, les Chaudières de l'usine de M. Quillacq d'Anzin, la Rotonde pour l'exposition des wagons belges, l'Annexe des Beaux-Arts (Belgique), le Jardin d'horticulture réservé qui renferme le Pavillon de l'Impératrice, l'Aquarium d'eau douce, l'Aquarium d'eau de mer, le Lac des carpes de Fontainebleau, la Serre monumentale, les Serres de M. Basset, de M. Maury, de M. Isambert, le Kiosque de M. Carré et celui de M. Pécheur. On y trouve aussi de jolies volières. Enfin, rien ne manque à ce jardin qui fait l'admiration des visiteurs,

Les annexes situées sur la berge du quai d'Orsay se composent : des Machines élévatoires de MM. Scott et Siegey, d'une Grue pour machines marines, du Hangar pour machines marines françaises, du Hangar pour machines marines anglaises, et des Restaurants de la Porte d'Orsay et de la Porte Billancourt.

Quant à l'agriculture, elle occupe toute l'île de Billancourt.

L'Exposition est une ville dans la ville de Paris. Elle est pourvue de tout ce que comportent la vie morale et la vie matérielle. Elle a son église, ses hôtelleries, son cercle, ses restaurants, ses cafés, sa poste aux lettres, son télégraphe électrique, son théâtre. On peut y vivre sans en sortir. Quoi qu'on puisse demander ou désirer, on peut se le procurer sans sortir de l'enceinte du Champ de-Mars. La Commission impériale a tout prévu. Son programme est complet et si bien combiné qu'on n'y trouve pas la moindre lacune.

II.

L'Exposition a-t-elle produit tout ce qu'elle promettait ? — Désappointement de l'esprit de parti. — Influence des Beaux-Arts sur l'industrie et la civilisation. — Tableau comparatif des œuvres exposées par chaque pays. — L'école française est-elle en décadence ? — Quelle est la cause de sa supériorité sur toutes les autres ? — Qui dit sculpteur ne dit pas statuaire. — Critique de la critique.

Nous n'avons pas d'intention d'examiner toutes les œuvres artistiques de l'Exposition universelle, puisque, dans nos comptes rendus des Salons, nous avons déjà exprimé notre opinion sur la plupart d'entre elles. Nous voulons seulement chercher les progrès réalisés depuis 1855, et constater l'état actuel de l'art en France, comparativement aux autres pays.

Et d'abord, l'Exposition a-t-elle tenu tout ce qu'on en espérait ? (1)

---

(1) Il s'agit ici de l'Exposition proprement dite et non de son exploitation et des spéculations auxquelles elle a donné lieu, ce dont nous n'avons nullement à nous occuper.

L'esprit de parti, qui exploite toutes les circonstances, qui voit dans les épidémies, les inondations, les disettes, des causes de soulèvements favorables à ses aspirations ambitieuses; l'esprit de parti qui écrivait que la guerre de Crimée serait pour notre armée un second désastre de 1812, qui s'attendait à voir la Prusse et la Confédération germanique tomber sur notre armée, lorsque heureusement la paix de Villafranca est venue dérouter nos ennemis du dedans et du dehors; l'esprit de parti, ce fléau de notre prospérité, toujours prêt à sacrifier l'intérêt et l'honneur du pays à l'espoir d'arriver au pouvoir, trouvait le programme de la Commission tellement gigantesque, les travaux à exécuter au Champ-de-Mars tellement immenses, qu'il affirmait que l'Exposition ferait fiasco, qu'elle n'ouvrirait pas, qu'elle serait une ruine pour les entrepreneurs et pour les exposants. Mais ici, comme au sujet des inondations, des disettes, des épidémies, des grèves, des guerres de Crimée et d'Italie, les espérances des partis ont été trompées : le succès de l'Exposition a été acclamé par tous les peuples qui sont accourus des quatre parties du monde, et ce succès a été tel que, pour la première fois, la France a eu l'honneur de recevoir la visite des souverains de l'Europe et des contrées les plus lointaines.

Mais si la France tient le premier rang dans la plupart des industries qui figurent à l'Exposition universelle, les Beaux-Arts y témoignent-ils de cette décadence proclamée obstinément à l'ouverture de chacun de nos Salons annuels par cet esprit de parti peu soucieux de l'honneur national ?

Une simple promenade dans la galerie française et un coup d'œil jeté sur le tableau que nous donnons à la fin de ce chapitre, suffiront pour prouver que partout où les Beaux-Arts sont en honneur, l'industrie prospère; que chez tous les peuples la civilisation, la fortune publique et la perfection de l'industrie, ont toujours été soumises à l'influence des Beaux-Arts. La décadence des arts en Grèce et en Italie n'a-t-elle pas amené la décadence de l'industrie et l'abrutissement des deux peuples. Voyez quels rangs occupent à l'Exposition ces peuples, autrefois les premiers du monde ?

Mais, nous objectera-t-on, la France n'a qu'une rivale

sérieuse en industrie, c'est l'Angleterre, et cependant l'Angleterre n'est guère artiste.

En effet, avant les Expositions universelles, l'Angleterre occupait le premier rang pour l'industrie. Mais depuis la lumière s'est faite dans les esprits et les nations ont reconnu que pour ses diverses branches d'industrie, l'Angleterre avait recours à nos peintres, à nos dessinateurs, à nos modistes, etc., et que si elle était la nation la plus commerçante du monde, elle ne parvenait à rivaliser sur certains points avec nous que par les emprunts qu'elle nous faisait. Les mêmes observations peuvent s'appliquer aux Etats-Unis d'Amérique, où les Beaux-Arts sont à peine cultivés, et auxquels tous nos produits industriels sont expédiés. Pour nous résumer, il n'y a rien chez ces deux peuples que nous ne puissions fabriquer aussi bien qu'eux, tandis que pour beaucoup de produits ils sont forcés d'avoir recours à la France. Ces deux nations sont donc plus commerçantes qu'industrielles, et nous, au contraire, nous avons plutôt le génie des arts et de l'industrie que l'esprit commercial.

Les nations ne sont pas inscrites sur notre tableau dans l'ordre de leur mérite artistique, mais simplement d'après le nombre des œuvres qu'elles ont exposées, et si la France ne s'était pas montrée plus difficile que les jurys étrangers pour l'admission des ouvrages, au lieu des 1,163 œuvres qu'elle expose, elle aurait pu aisément, sans descendre aux médiocrités qu'on rencontre chez nos voisins, fournir à elle seule les 4,226 objets d'art qui composent toute la galerie des Beaux-Arts à l'Exposition universelle

La supériorité de l'Ecole française est tellement évidente, qu'elle frappe les moins connaisseurs en matière d'art. Elle est sans rivale pour la statuaire, pour l'architecture et pour la grande peinture. Quelles sont, en effet, les grandes toiles des écoles étrangères, dont le mérite puisse être mis en parallèle avec celui d'Hip. Flandrin, et de MM. Cabanel, Yvon, Pils (Bataille de l'Alma), Hébert, Robert-Fleury père et fils, Dubufe, etc.?

Dans la section belge, qu'on peut considérer comme une succursale de la France, puisque la plupart des artistes belges sont nos élèves et habitent Paris, la grande peinture fait défaut, car on ne saurait donner ce nom aux tableaux de moyenne grandeur, aux adroites imitations d'enluminures de vieux manuscrits du moyen-âge, exposés par M. le baron Leys. La grande peinture fait également défaut dans la section Suisse, cette autre succursale de l'école française.

C'est dans la section Bavaroise qu'on trouve quelques grandes toiles, mais, malgré les progrès réalisés depuis 1855, ces peintures, destinées au MAXIMILIANEUM ; *Frédéric Barberousse et Henri le Lion*, par M. Foltz ; *Noce d'Alexandre le Grand*, par M. André Mueller ; *Godefroy de Bouillon*, *l'Électeur Maximilien, chef de la Ligue*, et la *Bénédiction des Drapeaux*, par M. Charles Piloti, laissent encore beaucoup à désirer sous le rapport du dessin et de la couleur. Quant au grand carton de M. Guillaume de Kaulbach : *l'Époque de la Réformation*, c'est une composition philosophique peu claire, une mise en scène trop cherchée, trop arrangé; c'est la continuation de l'école prétentieuse de Cornélius, heureusement abandonnée par la génération nouvelle.

Si, de la grande peinture, nous passons à l'infiniment petite toile, nous ne trouvons nulle part, dans ce genre, un peintre à opposer à notre Meissonier, ni à MM. Fichel, Plasson, Toulmouche et autres qui font le satin tout aussi bien que MM. Alfred et Joseph Stevens, et dont les compositions sont plus variées et plus intéressantes que celles de ces deux artistes belges. Où trouver des animaux supérieurs à ceux peints par Troyon, par MM. Auguste Bonheur, Mélin et Mlle Rosa Bonheur ? Les maîtres anciens des écoles flamande et hollandaise ont-ils produit des natures mortes d'une vérité plus grande, d'un fini plus parfait, que celles exposées par M. Blaise Desgoffe ?

Dans les tableaux de genre, de scènes familières, nous défions qu'on nous cite des compositions d'un sentiment plus élevé, plus délicat que celles des tableaux de MM. Jules Breton, Marchal, Brion, Comte, Mme Henriette Browne, et cent autres. Quant aux scènes militaires, aux batailles, c'est un terrain qui nous est trop familier pour que nous n'y restions pas les maîtres, même après Horace Vernet ; personne, du reste, ne nous conteste cette supériorité. Dans aucune section, nous n'avons vu des intérieurs mieux rendus que ceux de MM. Sebron et Navlet ; des paysages plus vrais, mieux peints et d'une facture plus originale que ceux de MM. Théodore Rousseau, Corot, Français, Daubigny, Justin Ouvrié, Lanoue, Théodore Frère, etc., etc.

Cette supériorité artistique de la France serait bien plus saisissante encore pour le public, si, au lieu d'être parqués par nationalité, les tableaux des écoles étrangères se trouvaient, comme dans nos Salons annuels, placés côte à côte des peintures françaises. C'est ce que les peintres étrangers savaient par expérience ; aussi, dès la première Exposition universelle, en 1855, ont-ils exigé des salles particulières pour y exposer leurs œuvres. Nous avons encore présent à l'esprit l'effet que produisirent alors ces craintes d'un contact si naturel à notre tempéramment, ces demandes d'isolement, ces exigences inconnues jusque-là à nos expositions des Beaux-Arts.

Nous avons dit que la France n'avait pas de rivale pour la statuaire, et nous entendons d'ici une foule de braves gens qui nous crie : vous oubliez donc l'Italie ? — Nous leur répondons: non ; mais l'Italie semble avoir plutôt d'habiles sculpteurs que de grands statuaires; nos ornementistes, nos praticiens sont des sculpteurs, mais ce ne sont pas des statuaires. — Comment ! et cette couverture de laine de la statue de Napoléon, dont on compterait les fils de la trame tant elle est bien imitée ? — c'est l'œuvre patiente et coûteuse du praticien, c'est du métier, de l'adresse, mais ce n'est pas de la statuaire. Y a-t-il quelque chose de plus vrai qu'un moulage sur nature ? Les moindres détails s'y trouvent reproduits, pas une ride n'y manque, et cependant rien n'est moins artistique, moins sculptural. Les statuaires de l'antiquité grecque et romaine ainsi que Michel-Ange, Puget et les maîtres qui leur ont succédé jusqu'à nos jours, se sont uniquement préoccupés de la pureté de ligne, de la beauté du caractère, de la grandeur de l'aspect de leurs statues; ils ont voulu impressionner par la simplicité et la noblesse du dessin, par l'ampleur des formes et la vérité de l'expression, au lieu de s'amuser à des enfantillages de métier, et capter l'attention par des difficultés d'exécution qui ne demandent que de la patience et de l'argent sans ajouter rien au mérite de l'œuvre de l'artiste. Qui n'a pas remarqué aux étalages des magasins de porcelaine du Palais-Royal ces statuettes ornées de dentelles et ces bouquets de fleurs également en porcelaine qui étonnent et font l'admiration de ceux qui ignorent la manière si simple de les fabriquer. Eh bien ! ces couvertures de laine, ces dentelles, ces tiges de roses et autres futilités des sculptures italiennes ne sont pas plus de la statuaire que les dentelles et les bouquets de porcelaine du Palais Royal ne sont des œuvres d'art.

Nous trouvons tout naturel que les gens qui sont étrangers aux Beaux-Arts se laissent prendre à ces pièges-là; mais nous ne comprenons pas que celui qui se pose en critique d'art, écrive les lignes suivantes au sujet de la statue de M. Carpeaux, le *Pêcheur napolitain à la Coquille* : « Il ne » faut pas, dit-il, comparer cette nature chétive d'enfant à ces » formes pleines d'harmonie, d'aisance, d'ampleur que conçoit l'Italie (1). » Notre confrère en critique n'a pas l'honneur d'être artiste ; il écrit sur la statuaire sans en avoir la moindre notion ; il prend les formes de convention pour ce qu'il y a de plus parfait ; il se laisse séduire par le fini, le poli, la beauté de la matière, et il traite avec dédain une des œuvres les plus remarquables de la statuaire moderne.

L'absence de style et de caractère qu'on remarque dans les sculptures italiennes atteste un enseignement vicieux qu'il est temps de réformer, et nous espérons que, malgré le succès de la statue de M. Vela, succès dû surtout au personnage historique qu'elle représente : *Napoléon Ier à ses derniers jours*, nous espérons que la vue des œuvres si savantes, si sérieuses de la statuaire française, agira sur l'Italie comme elle a déjà exercé son heureuse influence sur les autres écoles de l'Europe. C'est un vœu que nous exprimons dans l'intérêt de l'école italienne; si après cela l'excessif amour-propre méridional empêche les artistes italiens de reconnaître les causes de supériorités des statues de MM. Perraud, Jules Thomas, Carpeaux, Farochon, G. Crauck, Paul Dubois, Carrier-Belleuse, Doublemard, Gumery, Leharivel, Falguière, etc., etc., il n'y aura pas de notre faute; nous leur aurons dit ce que tous les artistes pensent, mais ce que personne ne leur dira : la vérité; nous les aurons prévenu qu'ils

---

(1) *Les curiosités de l'Exposition universelle de 1867*, par M Hipp. Gautier, p. 154.

route, qu'ils dépensent étourdiment un talent
incontestable qui devrait être mieux employé.

La sculpture italienne est en ce moment l'œuvre de praticiens habiles plutôt que de célèbres statuaires, on peut dire qu'à l'Exposition universelle les projets des architectes étrangers ne sont que des dessins d'ingénieurs civils ou militaires, tant le goût et le sentiment artistique y font défaut, tant ils sont éloignés de cette harmonie de style, de cette ornementation simple et élégante, de cette pureté de ligne et de ce caractère monumental des compositions suivantes exposées par les architectes français : l'Hôtel de la Préfecture de Grenoble, l'Hospice de Gisors, le Musée-Bibliothèque de Grenoble, l'Asile clinique d'aliénés, à Paris, par M. Questel ; — L'Hôtel de Ville d'Elbœuf, par M. Anger ; — La nouvelle Église de Sainte-Anne d'Auray, par M. Deperthes ; — Les savants et remarquables projets de restauration des monuments de l'antiquité grecque et romain, par MM. Ancelet, Vaudremer, Bonnet, Daumet, Guillaume, Boitte, Joyau, Uvet, Thomas et Mayaux. Quelle sévérité et quelle pureté de style ! quelle finesse de crayons ! quelle délicatesse de pinceau et quelle fraîcheur de coloris ! ce sont de vrais dessins d'artiste où l'habileté de la main se montre à la hauteur de l'élévation de la pensée.

Pour nous résumer, il résulte de notre sérieux examen des Beaux-Arts à l'Exposition universelle que de grands progrès ont été réalisés depuis 1855 par l'Angleterre, par l'Allemagne, par l'Italie et même par l'Espagne, mais que la France est restée supérieure à toutes les nations pour l'architecture, la statuaire et la grande peinture, et qu'aucune d'elles ne la surpasse pour la peinture de second ordre : les tableaux de genre, les paysages, les animaux, les marines, les intérieures et les natures mortes.

ŒUVRES D'ART DE TOUS LES PEUPLES
A
L'Exposition universelle de 1867.

NOMS Des Peuples Qui ont exposé.	Peinture et dessins.	Sculpture et gravure en méd	Architecture.	Gravure et lithographie.	Nombre des œuvres exposées.
France et ses Colonies..	691	236	73	163	1,163
Grande-Bretagne et ses colonies........	366	42	94	47	549
Bavière.........	283	30	1	13	327
Belgique.........	193	37	12	19	261
Italie.........	108	88	8	16	220
Suisse.........	171	15	12	16	214
Prusse et Allemagne du Nord.........	118	32	13	35	198
Pays-Bas........	176	11	7	3	197
Autriche........	140	26	20	3	189
Etats-Pontificaux....	45	55		23	123
Russie.........	84	19	7	10	120
Suède et Norwège.....	103	10			113
États-Unis........	87	7		5	99
Espagne........	63	9	13	4	89
Danemark.......	40	16		9	65
Turquie et Egypte....	37	10	7	6	60
Grèce	16	27	1	5	49
Portugal........	29	15	2	1	47
Roumélie.......	25	1	6		32
Bade	26	3		1	30
Wurtemberg......	14	2	5	3	24
Républiques de l'Amérique Centrale et Méridionale........	15	4		3	22
Hesse.........	2	2		13	17
Brésil.........	9	3		3	15
Luxembourg......	3				3
Perse (1).........					
Chine					
Japon					
Totaux	2,844	700	281	401	4,226

(1) Les quelques ouvrages exposés par la Perse, la Chine et le Japon étant plutôt des objets de curiosité et d'industrie que des œuvres appartenant aux Beaux-Arts, nous n'avons pas cru devoir les maintenir ici.

III

DISTRIBUTION DES RÉCOMPENSES

Hier 1ᵉʳ juillet, a eu lieu, au Palais des Champs-Élysées, la distribution des récompenses de l'Exposition de 1867.

L'immense nef du palais a été métamorphosée en une salle de l'aspect le plus imposant. Les tentures et les draperies qui en forment le fond, sont d'un rouge amaranthe qui donne à l'ensemble de la décoration un caractère aussi majestueux que sévère. Tous les ornements qui les soutiennent sont en or.

La coupole en glaces qui sert de toiture au palais a été entièrement couverte d'un velum pour intercepter les rayons du soleil. De cette coupole tombent d'élégantes bannières aux couleurs de toutes les nations du monde.

La décoration comprend le rez-de-Chaussée et le premier étage du palais.

Le trône et la vaste estrade destinés à recevoir les souverains, les princes étrangers, occupent le milieu de la nef, dans la direction de la grande porte d'entrée. A droite et à gauche, formant une gracieuse ellipse allongée, s'étendent une multitude de gradins, divisés en stalles recouvertes de velours amaranthe, où plus de 20,000 personnes ont pu facilement trouver place dans des stalles numérotées.

Ces gradins s'offrent aux regards, partagé en sections, sur une profondeur uniforme de vingt rangs.

Le milieu de la nef, parqueté dans toute son étendue, a été conservé libre. Là, régulièrement distantes, se dressent les dix trophées rappelant les dix groupes qui forment la grande division de l'Exposition universelle. Ils supportent les objets d'art, les travaux, les produits jugés dignes des plus hautes récompenses. Cette exposition exceptionnelle est entourée, dans toute son étendue, d'une plate-bande de fleurs et d'arbustes et séparée des gradins par une large allée qui suit, à son tour, la courbe de l'ellipse.

Une des extrémités de la salle, à la gauche du trône, a été réservée à l'orchestre et aux chanteurs; en face est l'escalier à larges marches qui permet au cortége des neuf cents exposants qui ont été honorés de médailles d'or, de descendre dans la nef, et de se présenter devant l'estrade impériale.

Au milieu de cette merveilleuse décoration, le trône et l'estrade impériale se détachent de la façon la plus splendide. Le baldaquin de velours rouge avec des broderies et des ornements en or, atteint la galerie du premier étage. Il est soutenu par d'immenses et splendides colonnes dorées. Les plus riches tapis couvrent le parquet.

Sur l'estrade, à droite et à gauche du trône, des siéges sont réservés pour les princes et princesses invités à la cérémonie.

En avant de l'estrade du trône, sont placés Leurs Excellences les ministres, les membres du Conseil privé, le président du Corps législatif, les maréchaux et amiraux, le grand chancelier de la Légion d'honneur, ayant devant eux leurs femmes, et les veuves des maréchaux et amiraux. Les premiers gradins sont occupés par les membres de la Commission impériale.

A droite et à gauche de l'estrade du trône, se trouvent la Maison de l'Empereur, le Sénat, le Corps législatif, le Conseil d'État, les députations de la Cour de cassation, de la

Cour des comptes, du Conseil impérial de l'instruction publique, de l'Institut de France, de la Cour impériale de Paris, du Clergé de Paris, du Conseil central des Églises réformées, du Consistoire, de l'Église réformée et de la Confession d'Augsbourg, du Consistoire central israélite ; le Conseil de préfecture du département de la Seine, le Conseil municipal, les maires et adjoints de la ville de Paris ; les députations des Corps académiques, du Tribunal de 1re instance de la Seine, du Tribunal de commerce, de la Chambre de commerce, du Conseil des prud'hommes, des administrations centrales, des administrations départementales, de la garde nationale et de l'armée.

Le Corps diplomatique a pris place dans la partie de l'amphithéâtre faisant face au trône.

Un orchestre de 1,200 musiciens et choristes occupe l'extrémité orientale de l'amphithéâtre. A l'extrémité opposée, un escalier met le terre-plein de la nef en communication avec un salon où sont réunis les exposants qui ont obtenu les grands prix et les médailles d'or.

A une heure et demie, les exposants récompensés, réunis par groupe, sont venus, bannière en tête, prendre place auprès des trophées de leurs groupes,

Les personnes qui avaient obtenu des récompenses du nouvel ordre se sont placées en face du trône.

Leurs Majestés, arrivées à deux heures précises au Palais des Champs Élysées, ont été reçues par la Commission impériale, ayant à sa tête les ministres vice-présidents.

A peine l'Empereur, l'Impératrice, le Prince Impérial ont-ils paru sur l'estrade qu'un immense cri de *Vive l'Empereur !* a retenti sous les voûtes du palais. Jamais plus beau spectacle n'avait été offert à la capitale ; jamais semblable réunion de rois, de princes, de princesses, n'avait eu lieu dans une circonstance plus solennelle. La beauté, la grâce de l'Impératrice excitaient surtout l'admiration de toute l'Assemblée.

L'orchestre, composé de 1,200 musiciens, a exécuté l'*Hymne à l'Empereur,* œuvre inédite de Rossini.

Leurs Majestés ont pris place, à deux heures un quart. L'Empereur avait à sa droite : S. M. I. le Sultan Abdul-Aziz-Khan, Empereur des Ottomans, S. A. R. le prince de

Galles, S. A. R. le prince d'Orange, S. A. R. le prince de Saxe, S. A. I. Monseigneur le Prince Impérial, S. A. I. Madame la Grande-Duchesse Marie, S. A. R. le Duc d'Aoste, S. A. R. le duc de Cambridge, S. A. I. Madame la Princesse Mathilde, le Prince de Teck ; à gauche de Sa Majesté l'Impératrice, se trouvaient : S. A. I. le Prince de Prusse, S. A. R. Madame la Princesse de Saxe, S. A. R. le Prince Humbert, S. A. I. Mehemmed-Mourad-Effendi, héritier, S. A. I. Madame la Princesse Clotilde, S. A. R. la Duchesse d'Aoste, S. A. I. le Duc de Leuchtemberg, S. A. I. le Prince Napoléon, S. A. le prince Hermann de Saxe, S. A. I. Abdul-Hamid.

Derrière Leurs Majestés l'Empereur et l'Impératrice étaient : S. A. I. Youssouf Izzeddin-Effendi, fils du Sultan, S. A. I. le prince Tou Kougawa, S. A. le prince Lucien Murat, S. A. la princesse Lucien Murat, S. A. le prince Joachim Murat, S. A. le Prince Murat, S. A. la princesse Murat, S. A. le prince Napoléon-Charles Bonaparte, S. A. la princesse Napoléon-Charles Bonaparte, Mgr le prince Achille Murat.

Derrière les princes, se tenaient les grands officiers de la couronne, l'adjudant général du Palais, les aides de camp de l'Empereur et les officiers et dames de service des maisons impériales, les officiers de la suite du Sultan, et les officiers et dames des maisons des princes et princesses étrangères.

La séance est ouverte par M. Rouher, qui s'exprime ainsi :

« Sire,

» Au début de cette solennité, le devoir de la Commission instituée sous la présidence d'honneur de Son Altesse le Prince Impérial, que nous voyons avec tant de joie auprès de l'Empereur, est de retracer, en traits rapides les efforts qu'elle a faits pour accomplir la mission qui lui a été confiée par Votre Majesté, de signaler les concours empressés et utiles qui ont facilité la réalisation de son œuvre ; enfin d'indiquer les caractères et les résultats principaux de cette grande exhibition internationale.

» Les obstacles que la Commission impériale avait à surmonter étaient considérables. Il fallait transformer le

Champ-de-Mars, y élever toutes ces constructions qui sont l'ornement du Parc, édifier le Palais, vaste monument qui s'étend sur une surface de 15 hectares ; puis y installer et y classer les produits exposés ; enfin prévoir et satisfaire les besoins créés par cette immense agglomération de choses et de personnes.

» Le temps, pour parvenir à un tel résultat, nous était parcimonieusement mesuré ; quelques mois seulement nous étaient accordés, et des intempéries prolongées devaient encore venir en gêner l'emploi.

» Les proportions de l'entreprise étaient d'ailleurs bien supérieures à celles des expositions précédentes.

» L'énonciation de quelques chiffres suffira pour les déterminer.

» La surface occupée par le Palais et ses dépendances était en 1855 de quinze hectares, de douze hectares et demi en 1862 ; elle a atteint en 1867 plus de quarante hectares, dont le Palais couvre plus du tiers.

» Le nombre des exposants, dont le chiffre était de 22,000 en 1855, et de 28,000 en 1862, atteint aujourd'hui celui de 60,000.

» Le poids des produits exposés ne doit pas être évalué à moins de 28,000 tonnes. La communication établie entre le Palais et le chemin de fer du continent a pu seule fournir le moyen de conduire et d'installer avec la célérité et le soin nécessaires, cette énorme quantité d'objets arrivés, pour la plus grande partie, dans les derniers jours du mois de mars.

» La force motrice installée pour la mise en mouvement des machines représente plus de mille chevaux-vapeur. Le service hydraulique est établi sur la base d'une distribution d'eau suffisante pour défrayer abondamment les besoins d'une ville de cent mille âmes.

» Malgré les gigantesques travaux qu'expliquent de telles nécessités, l'œuvre s'est trouvée prête au terme fixé. Mais le succès a-t-il couronné l'entreprise? Ces efforts réunis ont-ils mérité la double et précieuse récompense qu'ils poursuivaient : l'approbation de Votre Majesté, les suffrages de l'opinion publique ?

» Si nous ne nous faisons illusion, le jugement est aujourd'hui prononcé. Tout le monde a été frappé de la conception du plan général et des facilités qu'il offre à la comparaison et à l'étude. Chacun approuve cette loi d'unité qui rapproche, au Champ-de-Mars, les Beaux-Arts, l'industrie, l'agriculture, l'horticulture, autrefois disséminés dans des locaux distincts, et qui présente dans la même enceinte toutes les manifestations de l'activité humaine.

» L'opinion publique reconnaît que l'édifice, un instant critiqué, est parfaitement approprié à sa destination ; elle comprend que les conditions nécessaires d'un classement méthodique et clair des nations et de leurs produits ne pouvaient être sacrifiées à la recherche d'un aspect monumental, et que de vastes nefs auraient écrasé les objets exposés, au lieu de les mettre en relief dans leur véritable milieu.

» Une nef à hautes dimensions devait être exclusivement réservée aux machines, à ces engins puissants de l'industrie moderne qui exigent une installation proportionnée à leur masse, et un espace dans lequel leur force et leur précision puissent s'exercer sans confusion, sans entraves et sans danger.

» Les dimensions hardies de la galerie circulaire, sillonnée par une plate-forme qui isole et protège le public du contact des machines, ont heureusement réalisé ce programme, et démontré tout à la fois la perfection atteinte par nos constructions en fer, et le haut mérite de l'ingénieur qui a dirigé ces travaux.

» La faveur des visiteurs français et étrangers a également consacré le succès des ateliers du travail manuel, où l'on voit l'habileté de l'ouvrier transformer ingénieusement la matière et lutter avec les machines de perfection et de rapidité ; des galeries de l'histoire du travail, riche des trésors empruntés aux collections publiques et particulières ; du Parc, avec ses cités ouvrières, ses types de constructions des divers pays, si originaux et si pittoresques; du Jardin réservé, sorte d'oasis improvisée au milieu de terrains arides; des mesures prises pour profiter de l'heureux voisinage de la Seine, qui donne à ces tableaux variés le cadre même du fleuve, animé par les pavillons de sa flottille de de plaisance; enfin, de l'Exposition de Billancourt, où l'agriculteur peut voir fonctionner les outils qui l'intéressent et suivre l'expérimentation des divers systèmes d'exploitation.

» Il nous est permis, Sire, sans blesser les règles de la modestie, d'énumérer avec quelque complaisance tous ces éléments de succès Les efforts de la Commission impériale, la haute expérience et le dévouement du commissaire général, le zèle soutenu de ses collaborateurs n'auraient pas suffi pour surmonter les difficultés de l'entreprise. Nous n'avons à l'œuvre qu'une part secondaire ; l'honneur principal en appartient à d'autres, et nous voulons consigner ici l'expression de notre reconnaissance envers eux. Les commissions étrangères, composées d'hommes éminents de tous les pays, ont eu, dans leurs sections respectives, la latitude la plus entière. C'est donc à elles que revient le mérite de toutes ces installations originales et élégantes qui ont, par leur variété, tant contribué à la beauté de l'ensemble.

» Dans la section française, le travail des admissions a été préparé par des comités spéciaux, avec zèle et conscience.

» L'admission une fois prononcée, il fallait procéder à la réception et à l'installation des produits. Au lieu de centraliser entre ses mains ce travail délicat, la Commission imimpériale l'a confié à des syndicats de délégués, librement élus ou acceptés par les exposants, et qui se sont acquittés de leur mandat avec un désintéressement et une impartialité unanimement reconnus.

» Mais les véritables créateurs de toutes ces splendeurs qu'admirent des flots pressés de visiteurs, ce sont les héros de cette grande solennité, ces cinquante mille artistes, industriels, fabricants, et leurs millions d'ouvriers, dont les travaux constituent à la fois la richesse des peuples et l'histoire de la civilisation.

» Il fallait choisir les plus dignes entre tous ces compétiteurs. La mission était hérissée d'obstacles ; elle a été confiée à un jury international, vaste et imposant tribunal, composé de six cents membres choisis parmi les notabilités scientifiques, industrielles, commerciales, artistiques, sociales de tous les pays. Ce tribunal a fonctionné sans relâche. Il a su s'élever dans ces hautes et sereines régions où toute partialité disparaît, où l'esprit de patriotisme lui-même s'efface avec respect devant un sentiment plus noble encore, celui de la justice. Sous cette généreuse inspiration, les questions les plus controversées de prééminence entre les divers industriels exercées chez des nations rivales ont été abordées et résolues avec une haute sûreté de vues.

» Grâce à une activité qui a surmonté toutes les fatigues, les décisions demandées au jury pour le 1ᵉʳ juillet sont toutes rendues, et le résultat peut en être proclamé aujourd'hui devant Votre Majesté.

» Le jury a attribué aux exposants :
    64 grands prix (1),
    883 médailles d'or,
    3,653 médailles d'argent,
    6,565 médailles de bronze,
    5,801 mentions honorables (2)

» Malgré ce grand nombre de récompenses, le jury a dû borner ses choix et laisser en dehors de toute désignation d'intéressantes exhibitions, des mérites distingués, des efforts industriels dignes des plus sérieux encouragements.

» Le jury du nouvel ordre de récompenses a rempli non moins dignement sa tâche, compliquée d'investigations difficiles, puisqu'il s'agissait pour lui, non d'examiner des produits industriels, mais d'analyser et de comparer des faits sociaux. Il a accordé douze prix, vingt-quatre mentions honorables et quatre citations.

» La solennité actuelle trouve son couronnement dans la proclamation de récompenses plus hautes encore. Votre Majesté a daigné accorder aux plus éminents des concurrents de cette lutte pacifique son ordre impérial de la Légion d'honneur.

» La Commission impériale dépose au pied du Trône ses plus humbles remercîments pour de tels témoignages d'une auguste sympathie.

---

(1) Ce chiffre comprend les grands prix des Beaux-Arts.
(2) Dans ces chiffres ne sont pas comprises les récompenses données aux 8ᵉ et 9ᵉ groupes (agriculture et horticulture), qui seront décernées à la clôture de l'Exposition, en même temps que les récompenses accordées après les réclamations des industriels des autres groupes.

» Permettez-nous, Sire, avant de terminer ce rapport, d'emettre quelques appréciations sur le caractère et les résultats principaux de l'Exposition universelle, sans toutefois prétendre en mesurer toute la portée politique et international. Un de ses titres à l'attention des contemporains et de la postérité est certainement son caractère d'universalité. L'Europe n'a pas seule pris part à ce concours; le Nouveau-Monde, l'Afrique, l'extrême Orient sont venus ajouter des traits nouveaux à sa physionomie.

» Les États-Unis d'Amérique, éloignés en 1862 des émulations pacifiques par une grande guerre, ont réclamé à l'Exposition de 1867 la place que leur assigne dans le monde leur importance industrielle, et ils ont noblement tenu leur rang.

» Les États de l'Amérique centrale et méridionale, qui avaient confié au zèle d'un syndicat leurs intérêts collectifs, ont donné à leur exhibition un éclat exceptionnel.

» L'Empire ottoman et les États musulmans de l'ouest et du nord de l'Afrique ne se sont pas bornés à nous envoyer leurs produits; ils nous ont, en quelque sorte, initiés à leur civilisation en transplantant au milieu du Champ-de-Mars leurs monuments, leurs habitations et le spectacle de leur vie domestique. L'honneur de ces innovations revient à l'intervention personnelle des souverains de ces États, qui ont voulu présider par eux-mêmes à l'organisation de leur Exposition.

» Les pays de l'extrême Orient, qui s'étaient tenu jusqu'ici en dehors de nos exhibitions internationales, ont été amenés par le zèle de nos agents consulaires, de nos négociants, de nos missionnaires, de nos savants, à prendre part à ce concours des peuples. Le génie des inventions a multiplié le temps et comblé les distances. Ces grandes et industrieuses nations qu'on appelle la Perse, la Chine, le Japon et leurs satellites, sont désormais attirées dans l'orbite de notre civilisation, au grand avantage de la prospérité et du progrès universels. Cette réunion dans une même enceinte de tous les peuples n'ayant d'autre ambition que celle du bien, d'autre rivalité que celle du mieux, et étalant à l'envi leurs produits, leurs ressources, leurs inventions, se présente à l'intelligence étonnée et à l'âme émue comme le tableau grandiose des conquêtes successives du travail des siècles et des progrès incessants de la perfectibilité humaine.

» L'organisation du dixième groupe et l'institution de récompenses spéciales ont eu pour objet la manifestation solennelle de ces améliorations morales qui sont à la fois le devoir et l'honneur de l'humanité.

» Le dixième groupe comprend les objets qui intéressent particulièrement la condition physique matérielle et morale des populations Il suit le travailleur dans les diverses phases de son existence : écoles d'enfants, d'adultes, objets à bon marché d'usage domestique, habitations, costumes, produits, instruments et procédés du travail. Ce plan, consciencieusement rempli, met pour la première fois dans une complète lumière ces éléments modestes, mais puissants de progrès social, à peu près négligés dans le système des expositions précédentes

» La création du nouvel ordre de récompenses a eu pour but de signaler les services rendus par les personnes, les établissements, les contrées qui, par une organisation ou des institutions spéciales, ont posé les bases et assuré le développement de la bonne harmonie entre ceux qui coopèrent aux mêmes travaux.

» Cette création a donné lieu à une vaste et minutieuse enquête poursuivie pendant six mois par le jury dans les principaux pays qui ont pris part à ce concours, et sur tous les faits intéressant ce problème dont l'équitable solution importe à la stabilité des sociétés modernes. Notre travail ne sera point stérile. Il aura des imitateurs. Il ouvrira de nouveaux horizons aux explorations des bons esprits et des cœurs généreux. Ce sera l'honneur de l'Exposition universelle de 1867 d'avoir frayé la voie à ces hautes investigations internationales.

» Ainsi, l'Exposition universelle révèle des procédés industriels nouveaux et des initiatives qui, sans elle, auraient pu rester impuissantes ou ignorées; met en lumière cette loi de la division du travail aussi féconde entre les nations qu'entre les individus; donne une éclatante consécration à ces principes de liberté commerciale hardiment inaugurés en France par Votre Majesté; multiplie entre les peuples les relations économiques, et marque, à une date prochaine, la solution féconde du problème de l'unification des poids, des mesures et des monnaies.

» L'Exposition internationale produit des fruits plus précieux encore : elle dissipe des préjugés invétérés, renverse des haines séculaires, et fait naître des sentiments d'estime réciproque Les peuples, attirés par ce spectacle extraordinaire dans cette capitale splendide, y cherchent vainement les traces des révolutions passées, et y trouvent partout cette grandeur et cette prospérité que produisent la sécurité du présent et la juste confiance dans l'avenir. Les princes et les souverains, attirés par une noble hospitalité, viennent tour à tour échanger dans ce temple de la civilisation ces paroles amies qui ouvrent à toutes les activités humaines de calmes horizons et affermissent la paix du monde.

» A tous ces titres, Sire, l'Exposition universelle de 1867 fournira une page brillante à l'histoire du règne de Votre Majesté et des grandeurs du dix-neuvième siècle. »

Après la lecture du rapport de S. Exc. M. Rouher, ministre d'État et vice-président de la Commission impériale, l'Empereur a prononcé le discours suivant, que toute l'assistance a écouté debout, et qu'elle a plusieurs fois interrompu des plus vifs applaudissements :

« Messieurs,

» Après un intervalle de douze ans, je viens pour la seconde fois distribuer les récompenses à ceux qui se sont le plus distingués dans ces travaux qui enrichissent les nations, embellissent la vie et adoucissent les mœurs.

» Les poètes de l'antiquité célébraient avec éclat les jeux solennels où les différentes peuplades de la Grèce venaient se disputer le prix de la course. Que diraient-ils aujourd'hui, s'ils assistaient à ces jeux Olympiques du monde entier, où tous les peuples, luttant par l'intelligence, semblent s'élancer à la fois dans la carrière infinie du progrès, vers un idéal dont on approche sans cesse, sans jamais pouvoir l'atteindre ?

» De tous les points de la terre, les représentants de la science, des arts et de l'industrie sont accourus à l'envi, et l'on peut dire que peuples et rois sont venus honorer les efforts du travail, et par leur présence les couronner d'une idée de conciliation et de paix.

» En effet, dans ces grandes réunions, qui paraissent n'avoir pour objet que des intérêts matériels, c'est toujours une pensée morale qui se dégage du concours des intelligences, pensée de concorde et de civilisation. Les nations, en se rapprochant, apprennent à se connaître et à s'estimer ; les haines s'éteignent, et cette vérité s'accrédite de plus en plus, que la prospérité de chaque pays contribue à la prospérité de tous.

» L'Exposition de 1867 peut, à juste titre, s'appeler *universelle ;* car elle réunit les éléments de toutes les richesses du globe ; à côté des derniers perfectionnements de l'art moderne apparaissent les produits des âges les plus reculés, de sorte qu'elle représente à la fois le génie de tous les siècles et de toutes les nations. Elle est universelle : car à côté des merveilles que le luxe enfante pour quelques-uns, elle s'est préoccupé de ce que réclament les nécessités du plus grand nombre. Jamais les intérêts des classes laborieuses n'ont éveillé une plus vive sollicitude. Leurs besoins moraux et matériels, l'éducation, les conditions de l'existence à bon marché, les combinaisons les plus fécondes de l'Association ont été l'objet de patientes recherches et de sérieuses études. Ainsi, toutes les améliorations marchent de front. Si la science, en asservissant la matière, affranchit le travail, la culture de l'âme, en domptant les vices, les préjugés et les passions vulgaires, affranchit l'humanité.

» Félicitons-nous, messieurs, d'avoir reçu parmi nous la plupart des Souverains et des Princes de l'Europe et tant de visiteurs empressés. Soyons fiers aussi de leur avoir montré la France telle qu'elle est, grande, prospère et libre. Il faut être privé de toute foi patriotique pour douter de sa grandeur, fermer les yeux à l'évidence pour nier sa prospérité, méconnaître ses institutions, qui parfois tolèrent jusqu'à la licence, peur ne pas y voir la liberté.

» Les étrangers ont pu apprécier cette France jadis si inquiète et rejetant ses inquiétudes au delà de ses frontières, aujourd'hui laborieuse et calme, toujours féconde en idées généreuses, appropriant son génie aux merveilles les plus variées et ne se laissant jamais énerver par les jouissances matérielles.

» Les esprits attentifs auront deviné sans peine que malgré le développement de la richesse, malgré l'entraînement vers le bien-être, la fibre nationale y est toujours prête à vibrer dès qu'il s'agit d'honneur et de patrie; mais cette noble susceptibilité ne saurait être un sujet de crainte pour le repos du monde.

» Que ceux qui ont vécu quelques instants parmi nous rapportent chez eux une juste opinion de notre pays; qu'ils soient persuadés des sentiments d'estime et de sympathie que nous entretenons pour les nations étrangères et de notre sincère désir de vivre en paix avec elles.

» Je remercie la Commission impériale, les membres du Jury et les différents comités du zèle intelligent qu'ils ont déployé dans l'accomplissement de leur mission. Je les remercie aussi au nom du Prince Impérial que j'ai été heureux d'associer, malgré son jeune âge, à cette grande entreprise dont il gardera le souvenir.

» L'Exposition de 1867 marquera, je l'espère, une nouvelle ère d'harmonie et de progrès. Assuré que la Providence bénit les efforts de tous ceux qui comme nous, veulent le bien, je crois au triomphe définitif des grands principes de morale et de justice qui en satisfaisant toutes les aspirations légitimes, peuvent seuls consolider les trônes, élever les peuples et ennoblir l'humanité. »

Sur l'ordre de l'Empereur, S. Exc. M. de Forcade, ministre de l'agriculture, du commerce et des travaux publics, vice-président de la Commission impériale, a fait l'appel des récompenses (1), dans l'ordre suivant :

---

(1) Nous n'avons à mentionner ici que les artistes récompensés, et nous renvoyons au *Moniteur* pour les prix décernés à l'industrie.

Nous ne portons sur cette liste que les artistes exposants et non les membres de la Commission impériale et du jury qui ont été l'objet d'une promotion.

Le lecteur remarquera que cinq peintres et trois sculpteurs exposants non médaillés par le jury, ont cependant été faits chevaliers de la Légion d'honneur ; c'est la justice de l'Empereur qui vient heureusement *compléter* celle du jury. Ces noms sont imprimés en caractères italiques.

Promotions dans l'Ordre impérial de la Légion d'honneur

ARTISTES FRANÇAIS

Au grade de commandeur :

M. Meissonier (Jean-Louis-Ernest), peintre, membre de l'Institut, officier depuis 1856.

Au grade d'officier :

MM. Guillaume (Claude-Jean-Baptiste-Eugène), sculpteur, membre de l'Institut, chevalier depuis 1855. — Gérôme (Jean-Léon), peintre, membre de l'Institut, chevalier depuis 1855. — Perraud (Jean-Joseph), sculpteur, membre de l'Institut, chevalier depuis 1857. — Martinet (Achille-Louis), graveur, membre de l'Institut, chevalier depuis 1856. — François (Alphonse), graveur, chevalier depuis 1857. — Pils (Isidore-Alexandre-Auguste), peintre, chevalier depuis 1861. — Jalabert (Charles-François), peintre, chevalier depuis 1855. — Yvon (Adolphe), peintre, chevalier depuis 1855. — Breton (Jules-Adolphe), peintre, chevalier depuis 1861. — Français (François-Louis), peintre, chevalier depuis 1853. — Corot (Jean-Baptiste-Camille), peintre, chevalier depuis 1846.

Au grade de chevalier :

MM. Gumery (Charles-Alphonse), sculpteur. — Thomas (Gabriel-Jules), sculpteur. — Ottin (Auguste-Louis-Marie), sculpteur. — Dubois (Paul), sculpteur. — *Bonheur* (François-Auguste), peintre. — Ponscarme (François-Joseph-Hubert), sculpteur et graveur en médailles. — Berthinot (Gustave-Nicolas), graveur. — Montagny (Etienne), sculpteur. —

Bonnat (Léon-Joseph Florentin), peintre. — Salmon (Louis-Adolphe), graveur. — *Tissier* (Ange), peintre. — Jacque (Charles-Emile), peintre et graveur. — *Oliva* (Alexandre-Joseph), sculpteur. — Ancelet (Gabriel-Auguste), architecte. — Delaunay (Jules-Elie), peintre. — Lameire (Charles-Joseph), architecte. — Salmson (Jean-Jules), sculpteur. — *Richomme* (Jules), peintre. — Lévy (Emile), peintre. — Puvis de Chavannes (Pierre), peintre. — Caraud (Joseph), peintre. — *Lazerges* (Hippolyte Jean-Raymond), peintre. — *Dieudonné* (Jacques Augustin), sculpteur. — *Lambinet* (Emile), peintre. — Chapu (Henri-Michel-Antoine), sculpteur. — *Aizelin* (Eugène), sculpteur.

ARTISTES ÉTRANGERS

Au grade d'officier :

MM. Kaulback (Prusse), peintre, chevalier depuis 1855. — Knaus (Louis) (Prusse), peintre, chevalier depuis 1859. — Leys (Henri) (Belgique), peintre, chevalier depuis 1847. — Stevens (Alfred) (Belgique), peintre, chevalier depuis 1863. — Vela (Vincent) (Italie), sculpteur.

Au grade de chevalier :

MM. Dupré (Jean) (Italie), sculpteur. — Dracke (Frédéric) (Prusse), sculpteur. — Keller (Joseph) (Prusse), graveur. — Rosalès (Edouard) (Espagne), peintre — Mandel (Edouard) (Prusse), graveur. — Menzel (Adolphe) (Prusse), peintre. — Argenti (Josué) (Italie), sculpteur. — Luccardi (Vincenso) (Etats pontificaux), sculpteur. — Israels (J.) (Pays-Bas), peintre.

GRAND PRIX

PEINTURE. *France :* MM. Cabanel, Gérôme, Ernest Meissonier, Théodore Rousseau. — *Bavière :* M. Guillaume Kaulbach. — *Prusse :* M. Knaus. — *Belgique :* M. Leys. — *Italie :* M. Ussi.

SCULPTURE. *France :* MM. Eugène Guillaume, Perraud. — *Prusse :* Dracke. — *Italie :* Jean Dupré.

ARCHITECTURE. *France :* M. Ancelet. — *Autriche :* M. Frestel. — *Angleterre :* M. Waterhouse.

— 134 —

Gravure. *France :* M. Alphonse François. — *Prusse :* M. J. Keller.

MÉDAILLES DE PREMIÈRE CLASSE

Peinture. *France :* MM. Jules Breton, Pils, Fromentin, Millet, Robert-Fleury, Bida, Français, Daubigny. — *Belgique :* MM. A. Stevens, Willems. — *Angleterre :* M. Calderon. — *Espagne :* M. Rosales. — *Autriche :* M. Matycko. — *Bavière :* MM. Horschelt, Piloty.

Sculpture. *France :* MM. Carpeaux, Gustave Crauk, Falguière, Gumery, Aimé Millet, Pouscarme (graveur en médaille), Jules Thomas. — *Italie :* M. Vela.

Architecture. *France :* MM. Joyau, Lameire, Thierry. — *Angleterre :* M. le capitaine Fowke. — *Russie :* M. Rosanoff. — *Prusse :* M. Schmitz.

Gravure et Lithographie. *France :* MM. Berthinot, Achille Martinet. — *Prusse :* Ed. Mandel.

MÉDAILLES DE SECONDE CLASSE

Peinture. *France :* MM. Hébert (Antoine-Auguste-Ernest), Corot, Jalabert, Jules Dupré, Brion, Gide, Vauthier, Yvon, Hamon, Bonnat, Delaunay, Mlle Rosa Bonheur. — *Angleterre :* M. Nicol. — *Prusse :* M. Menzel. — *Autriche :* Sigismond l'Allemand. — *Belgique :* M. Claes.

Sculpture. *France :* MM. Paul Dubois, Frémier, Gruyère, Ottin, Mathurin Moreau, Salmson. — *Italie :* M. Argenti. — *Prusse :* M. Blaeser. — *Suisse :* M. Caroni. — *Etats-Romains :* M. Luccardi — *Espagne :* M. Pescador (graveur en médailles).

Architecture. — *France :* MM. Boitte, Deperthe, Esquié, Guillaume, Questel. — *Angleterre :* M. Lynn. — *Autriche,* M. Hanzel. — *Russie :* M. Hlawka.

Gravure et Lithographie. *France :* M. Salmon. — *Belgique :* M. Bal. — *Prusse :* M. Barthelemess. — *Suisse :* M. Edouard Girardet.

MÉDAILLES DE TROISIÈME CLASSE

Peinture. *France :* MM. Belly, Busson, Charles Comte, Vetter, Baron, Bouguereau, Lévy, de Curzon, Puvis de Chavannes, Caraud. — *Bavière :* M. Adam. — *Angleterre :*

M. Orchardon. — *Espagne* : M. Gisbert. — *Prusse* : M. Archenbach. — *Pays-Bas* : M. Israël. — *Autriche* : M. Wurzenger. — *Italie* : M. Faruffini. — *Espagne* : M. Gonzalvo. — *Angleterre* : M. Walker.

Sculpture. *France* : MM. Caïn, Cambos, Cugnot, Feugère des Forts, Maillet, Merley (graveur en médailles), Montagny, Sanson. — *Grèce* : M. Drossis. — *Belgique* : M. Pioger. — *Espagne* : M Sunol — *Angleterre* : M. Wyon.

Architecture. *France* : MM. Daudry, Daumet, Thomas. — *Angleterre* : M. Barry. — *Belgique* : M. Carpentier. — *Suisse* : M. Semper.

Gravure et Lithographie. *France* : MM. Auguste Blanchard, Charles Jacque, Jacquemart, Rousseaux.

Les groupes, conduits par les présidents et vice-présidents du jury de groupe, venaient successivement, en suivant le palier de pourtour, se placer devant le trône. Les exposants qui avaient obtenu les grands prix, et ceux qui étaient promus aux grades d'officier et de commandeur, montaient recevoir, des mains de l'Empereur, leurs récompenses ou leurs décorations, qui étaient présentées à Sa Majesté par S. Exc le maréchal Vaillant, vice-président de la Commission impériale. L'Empereur remettait au président du groupe les diplômes des autres récompenses. La distribution a été terminée par celle des récompenses du nouvel ordre.

Chaque groupe de récompensés venait ensuite, en faisant le tour de la nef, reprendre sa place près de son trophée.

Un incident touchant a vivement ému l'assemblée : l'appel du prix décerné par le jury international à l'Empereur, pour les travaux concernant les habitations ouvrières et pour ses fermes-modèles, allait rester sans consécration effective, lorsque, en sa qualité de président de l'Exposition universelle, le Prince Impérial l'a remise à Sa Majesté, qui a embrassé son fils. Toutes les femmes battaient des mains, agitaient leurs mouchoirs.

Le sultan a suivi toutes les phases de cette fête avec le plus grand intérêt.

La distribution étant terminée, l'Empereur, l'Impératrice et le sultan, suivis du cortége impérial, ont fait le tour de la nef en passant devant les sections de l'Exposition et les trophées des œuvres récompensées. Pendant ce trajet, les airs nationaux exécutées par l'orchestre se mêlaient aux acclamations des différents pays.

A trois heures quarante minutes, la séance était levée aux cris de : Vive l'Empereur! vive l'Impératrice ! vive le Prince Impérial !

FIN.

Paris — Imp. Ed. Vert, rue N.-D.-de-Nazareth, 29.